CULTIVAR CATEQUISTAS

Cómo reclutar, alentar y conservar a catequistas exitosos

JAYNE RAGASA-MONDOY

EL LÍDER CATEQUÉTICO EFICAZ

Editor de la serie: Joe Paprocki, D.Min.

LOYOLA PRESS.
UN MINISTERIO JESUITA
Chicago

LOYOLA PRESS.
UN MINISTERIO JESUITA

3441 N. Ashland Avenue
Chicago, Illinois 60657
(800) 621-1008
www.loyolapress.com

Diseño de la portada: Ann Triling/Hemera/Thinkstock.

ISBN: 978-0-8294-4673-9
Número de Control de Biblioteca del Congreso USA: 2018937623

Impreso en los Estados Unidos de América.
18 19 20 21 22 23 24 25 26 27 Versa 10 9 8 7 6 5 4 3 2 1

Índice

Bienvenido a la serie El líder catequético eficaz

La serie **El líder catequético eficaz** ofrece habilidades, estrategias y enfoques que asegurarán el éxito para líderes de programas parroquiales de formación en la fe. Beneficia a aquellos que trabajan con catequistas, entre ellos directores de educación religiosa, párrocos, directores diocesanos y participantes en programas de formación catequética. Mediante una combinación de teoría y práctica, esta serie

- brinda instrucciones concretas y recursos para imprimir;
- define la función del líder catequético y ofrece estrategias específicas y prácticas para el liderazgo, la colaboración y la delegación de responsabilidades;
- ofrece enfoques para el liderazgo y la catequesis en una manera más evangelizadora;
- describe las mejores prácticas para reclutar, capacitar y formar catequistas; para desarrollar una visión para la formación en la fe; para crear un consejo de asesores; para planificar y programar eventos; para establecer contactos con otros colegas; para seleccionar recursos catequéticos de calidad y para manejar los aspectos administrativos del ministerio; y
- ofrece consejos sobre cómo catequizar eficazmente teniendo en cuenta la diversidad de nuestras parroquias —un aspecto ineludible de la realidad de la Iglesia en este país—, de manera

que podamos servir respondiendo a las necesidades particulares de quienes forman la comunidad de fe.

Ya sea que te inicies como líder catequético o hayas estado sirviendo como tal por muchos años, la serie **El líder catequético eficaz** te ayudará a utilizar cada área de este ministerio para proclamar el Evangelio e invitar a las personas al discipulado.

Acerca de este libro

Este libro de la serie **El líder catequético eficaz** se centra en cultivar la vocación del catequista. El *Directorio General para la Catequesis* nos recuerda que "ningún método, por experimentado que sea, exime al catequista del trabajo personal en ninguna de las fases del proceso de la catequesis" (*DGC*, #156). Como tal, es fundamental que los líderes catequéticos hagan todo lo posible para convocar a candidatos prometedores a desarrollar la vocación de catequistas, ofrecerles formación y capacitación, y cuidar su vocación a cada paso del camino.

1

Más que un voluntariado: la vocación del catequista

Un amigo mío me contó la siguiente experiencia que vivió en un viaje reciente a Israel. Cuando recorrían el árido paisaje, su grupo se detuvo para admirar un sector de un verde pastizal. Allí, se encontraban dos pastores conversando. Mientras los pastores hablaban, sus respectivos rebaños de ovejas se unieron y formaron un solo rebaño grande. Mientras mi amigo se preguntaba cómo harían los pastores para identificar a sus respectivas ovejas, ambos las llamaron con su voz particular. Para su sorpresa, las ovejas respondieron a lo que conocían como un llamado familiar y confiable. Se separaron nuevamente en dos rebaños y siguieron a sus pastores.

Como cristianos, nuestra vocación (literalmente, un "llamado") proviene de Jesús, el Buen Pastor. Se trata de un llamado a la santidad y a una forma de vida dedicada a su servicio.

Un llamado divino a la santidad

Hay muchas voces que reclaman nuestra atención. De hecho, hay muchas formas de voluntariado notables y dignas de encomio de las cuales dependen las organizaciones y las comunidades. No obstante, servir como catequista es escuchar al Buen Pastor y responderle de una manera singular al transmitir la fe de modo formal a los demás. Y una de las mayores responsabilidades del líder catequético es acompañar al catequista en este viaje.

Al salir a buscar nuevos catequistas, podemos descubrir que muchas personas parecen sentirse agobiadas por la posibilidad de seguir este llamado divino:

"¿Quién, yo? Mi fe es simple. Yo no soy un erudito de la Biblia ni del *Catecismo de la Iglesia Católica*".

"Hay tanto para enseñar que ¡no sabría por dónde empezar!".

Esta vacilación no sorprende, al considerar la profundidad y amplitud de la Iglesia católica y nuestro deseo de ser fieles a sus enseñanzas.

La realidad es que la vocación de los catequistas comienza con un acto muy simple de fe. Comienza cuando decimos "creo", con un corazón humilde que dice que sí a vivir como discípulo de Jesús y a enseñar formalmente a los demás cada semana a hacer lo mismo. Es el deseo de rodear a personas de todas las edades con una comunidad de creyentes que ama, entiende y practica la fe. Es la voluntad de compartir la historia del amor de Dios por nosotros, historia que se despliega en cada momento de nuestra vida, nos toca en lo profundo e influye en todos los aspectos de nuestra vida. Esta vocación simple y alegre es a la que estamos llamados a seguir.

Una historia de vocación

Cuando tenía siete años, Mark decidió que quería ser músico. Al cantar himnos con el coro de la parroquia se sentía más cerca de Dios y de su familia. El papá de Mark, que de joven había tocado el piano, y su mamá, que tenía una hermosa voz, a menudo llenaban la casa con el delicioso sonido de su música. La imagen de sus padres creando música juntos estaba grabada en su memoria: su papá sentado al piano en la sala de estar, sonriendo mientras sus dedos se movían con destreza por el teclado; su mamá, con una mano apoyada suavemente sobre el hombro de su esposo, vocalizando ritmos sincopados. A ambos, Dios les había concedido el don de la música, un don que se expresaba de manera única, pero siempre en compañía del otro.

Mark recordaba las palabras de su papá: que si bien él era un músico con preparación clásica, amaba improvisar porque eso permitía que la música brotara desde lo más profundo de su alma. Agregó que era bueno que su esposa lo acompañara con frecuencia. "Cuando me pierdo en la música, siempre puedo encontrar el camino a casa, hijo. Solo tengo que seguir la hermosa voz de tu madre".

Años más tarde, cuando ya era un músico consagrado, Mark finalmente comprendió por qué se sintió llamado a esta profesión. No tenía que ver con la hábil destreza que tenía su papá para leer e improvisar música o con el tono perfecto de su madre. No tenía que ver con ningún instrumento ni con el aplauso de un público agradecido. Tenía que ver con los dones de Dios que recibieron, cultivaron y compartieron. Tenía que ver con darse cuenta de que en la compañía se encontraba la creatividad y una expresión sin límites del amor por la música y, sobre todo, del amor entre ellos. Tenía que ver con la seguridad que Mark sentía al presenciar esa cariñosa interacción de sus padres que le brindaba el valor y el deseo de imitarlos. Estaba convencido de que Dios era músico.

La vocación de Mark, su llamado, nació del amor.

Y lo mismo sucede con la vocación del catequista: Dios, que es amor, nos transforma. Jesús nos acompaña y nos nutre de modo que podamos ser ilimitados y creativos en nuestras expresiones de amor, y el poder del Espíritu Santo nos da la fortaleza para permanecer en su amor. Nuestro enfoque principal no se centra en cuánto sabemos (aunque eso es importante), ni en las incontables horas que pasamos preparando y dando clases (aunque son valoradas), ni en el reconocimiento que recibimos de los demás (aunque, bueno, ¡el reconocimiento nos hace sentir bien!). La vocación del catequista es, ante todo, un llamado del Amor a amar.

El amor de Cristo nos apremia

> El corazón del catequista recibe el don del kerigma (la proclamación sencilla y valiente de la Buena Nueva de Jesucristo) y, a su vez, lo ofrece a los demás como un don. Que palabrita tan interesante: "don". El catequista es consciente de haber recibido un don, el don de la fe, y, a su vez, lo da como don a los demás. Y esto es hermoso. ¡No retenemos nuestro porcentaje para nosotros mismos! ¡Damos todo cuanto recibimos! ¡No se trata de comercio! No es un negocio. Es puramente un don: un don recibido y un don transmitido. Y el catequista se encuentra allí, en el centro de ese intercambio de dones. La naturaleza misma del kerigma es así: es un don que genera misión, que nos insta a ir más allá de nosotros mismos. San Pablo decía: "El amor de Cristo nos apremia", pero este "nos apremia" también puede traducirse como "nos posee". Así es: el amor te atrae y te envía, te atrapa y te entrega a los demás. En esta tensión se mueve el corazón del cristiano, especialmente el corazón del catequista. (Papa Francisco, Congreso Internacional sobre la Catequesis, septiembre 2013, #2)

Las palabras del Papa Francisco que dicen que "el amor [de Cristo] te atrae y te envía" captan la esencia de la vocación del catequista. Hemos recibido el don de la fe, y el Evangelio nos transforma. Y a su vez, Cristo nos insta a salir, acercarnos y acompañar a los demás, y a relacionarnos con ellos en su nombre. No solo con los que creen, piensan y actúan como nosotros, sino con todos los que nos encontramos.

> La historia de Jeri es completamente distinta de la de Mark. Sus padres peleaban constantemente cuando no se sumían en momentos de absoluto silencio. Por insistencia de su madre, la familia asistía a misa, pero solo para Navidad, el Domingo de Pascua y alguna boda o funeral católico. Jeri fue bautizada como católica y había recibido los sacramentos de la Reconciliación y la Eucaristía, pero sus padres nunca la inscribieron de manera continua en el programa parroquial

de formación de la fe, y en casa raramente hablaban sobre su fe católica.

Las historias de las Sagradas Escrituras que recordaba le parecían extrañas: la Sagrada Familia, el hijo pródigo, el buen pastor. ¿Dónde estaba la santidad, dónde un padre cariñoso tan dispuesto a perdonar, un padre que se diera cuenta cuando ella parecía perdida? Cuando cumplió catorce años, Jeri dejó de ir a misa por completo. Simplemente no tenía sentido.

Como discípulos evangelizadores, los catequistas somos llamados a llevar la Buena Nueva a los demás, en especial a las personas como Jeri y su familia. Buscamos a los perdidos, les damos la bienvenida con un abrazo cariñoso y los ayudamos a comenzar de nuevo, tratándolos con misericordia y compasión. Este es un verdadero testimonio de la vida y el discipulado cristianos, así como una parte de la vocación del catequista.

En su homilía durante la Misa del Espíritu Santo de 2016 en la Universidad Católica en Washington, D.C., el Cardenal Donald Wuerl describió cuatro aspectos del comportamiento del cristiano evangelizador que pueden aplicarse a la vocación del catequista. Somos enviados a salir, acercarnos, acompañar e involucrarnos.

Salir

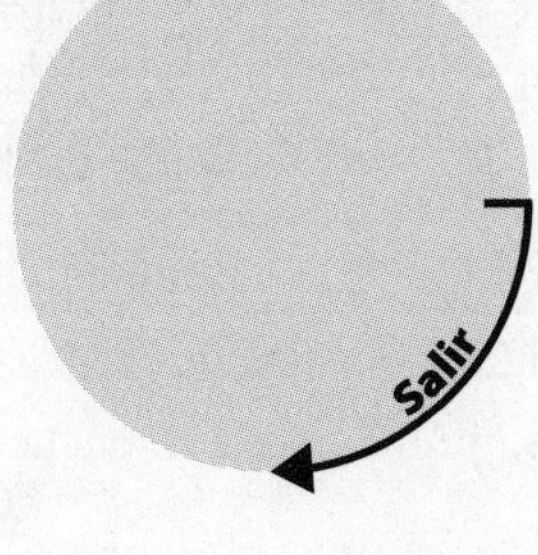

El Cardenal Wuerl enfatizó que el Papa Francisco nos ha instado con insistencia a "no permanecer encerrados en nosotros mismos, a seguir concentrados en los asuntos de la Iglesia, pero, en especial, a salir y conocer a personas que deberían estar con nosotros pero no están" [versión del traductor (v.d.t.)]. En el mismo sentido, agregó: "A menudo me doy cuenta de que en la Vigilia Pascual, cuando hablo con quienes están por ingresar en la Iglesia o quienes están en proceso de ser recibidos en la Iglesia, muchas veces, al preguntarles qué los trajo hasta este punto, la respuesta es muy simple: 'alguien me lo pidió, alguien me invitó'" [v.d.t.].

Como líderes catequéticos, muchas veces nos preocupan todas las cuestiones operativas de nuestros programas catequéticos parroquiales. ¡Esto es muy comprensible! Se necesitan tiempo y energía para convocar a catequistas, ocuparse de su continua capacitación y formación de la fe, obtener recursos de calidad, realizar reuniones con los padres, planificar retiros y estar al día con la correspondencia. Incluso muchos de los padres cuyos hijos participan en nuestros programas necesitan oportunidades de ser formados en la fe. Verdaderamente hay mucho que hacer. Por lo tanto, nuestro desafío como líderes catequéticos es no perder nunca de vista ese toque personal que describió el Cardenal Wuerl.

La Iglesia existe para llevar la vida y el amor de Cristo al mundo, no solo a quienes asisten a nuestra parroquia y están inscritos en nuestros programas. Como comunidad parroquial, bajo la guía de tu párroco, considera las siguientes preguntas, que pueden ayudarte a fomentar y mantener esta actitud de "salir" de la que habló el Papa Francisco:

- ¿Quiénes faltan en nuestra comunidad de fe? ¿Dónde están? ¿Conocemos a alguna persona que tenga una relación con ellos? ¿Cómo podemos, juntos, salir a su encuentro?

- ¿Conocemos a nuestros vecinos que viven cerca de la parroquia? ¿Reciben invitaciones a eventos de puertas abiertas o de hospitalidad?
- ¿Cómo nos acercamos a esos padres que optan por que sus hijos participen en eventos deportivos durante el fin de semana en lugar de asistir a misa?
- ¿Cómo nos acercamos a las familias de niños cuyos padres están o han estado en prisión y no pueden ir a misa o asistir al programa catequético de la parroquia?
- ¿Cómo nos acercamos a las familias que tienen niños con necesidades especiales de aprendizaje, de comunicación o de accesibilidad física?
- ¿Cómo nos acercamos a las familias como la de la historia de Jeri, que tienen dificultades en sus relaciones?

Para reflexionar y conversar: La vocación del catequista conlleva acercarse a quienes están fuera de la parroquia. Considera las maneras en que tu ministerio parroquial, incluyendo el ministerio catequético de niños y familias, se acerca a las personas que no asisten a misa o de aquellas a las que ves solo en determinadas ocasiones. ¿Cómo puedes mejorar en esta área?

Acercarse

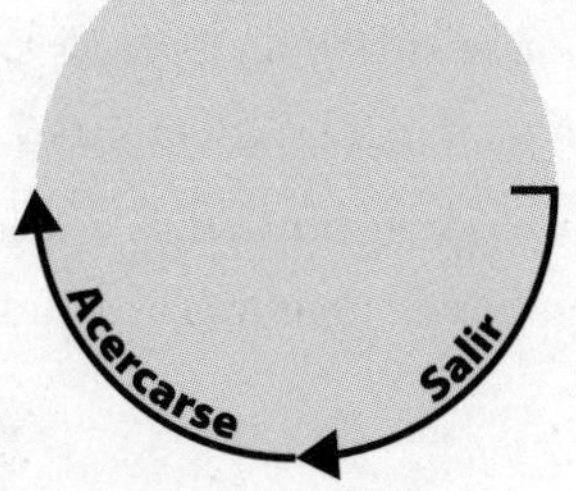

La definición de la palabra *acercarse* en el *Diccionario de la Lengua Española* de la Real Academia dice:

Poner cerca o a menor distancia de lugar o tiempo.

Un verdadero acercamiento a Jesús resucitado puede transformar vidas. Sin embargo, cuando nos acercamos a la comunidad en general, nos enfrentamos a desafíos reales.

No obstante, las Sagradas Escrituras nos recuerdan que en cada encuentro vemos a Dios cara a cara. El salmista rezó:

> Escucha, Señor, mi voz que te llama,
> ten piedad de mí, respóndeme.
> "Busquen mi rostro".
> Mi corazón dice: Tu rostro buscaré, Señor:
> no me ocultes tu rostro. *(Salmo 27:7–9)*

Dios sembró en nosotros el deseo de encontrar su presencia en cada situación, incluso en momentos de adversidad y conflicto.

El catequista busca continuamente oportunidades de compartir este mensaje de alegría con los demás y de darse cuenta de que Dios, que es amor, está siempre presente en todos los encuentros con las personas que él pone en nuestra vida.

Mientras sirves como líder catequético, considera la opción de comentar lo siguiente con los catequistas:

- Estamos rodeados de familias que necesitan nuestras oraciones. ¿Cómo nos acercamos a las familias que han sufrido recientemente la pérdida de un ser querido? ¿O que han perdido su empleo? ¿O que se enfrentan a graves crisis médicas? ¿Nos hemos ofrecido a rezar por estas familias y con ellas?
- En momentos de alegría, ¿ofrecemos oraciones de acción de gracias como ejemplo de un corazón agradecido?

- Cuando nos encontramos con los padres, ¿les enseñamos a meditar sobre las Sagradas Escrituras? ¿Creamos servicios de oración significativos que les permitan participar?
- ¿Compartimos historias sobre las importantes maneras en que Dios ha tocado nuestra vida, o hemos invitado a quienes enseñamos y a sus padres a hacer lo mismo?

Para reflexionar y conversar: ¿Cuáles son algunas de las maneras en las que tus catequistas tienen contacto y se acercan a quienes forman parte de la comunidad en general?

Acompañar

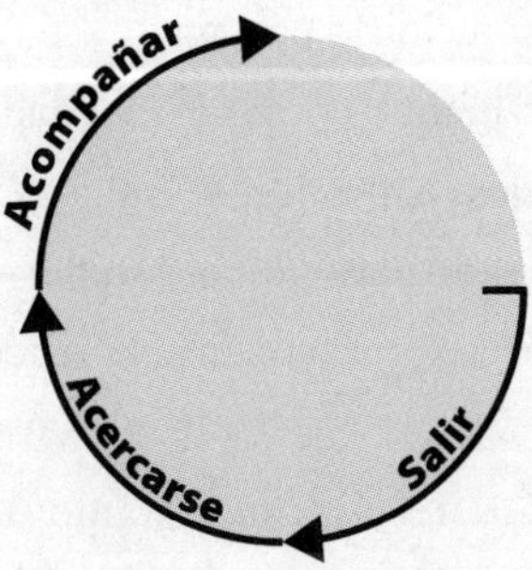

Acompañar a los demás es caminar junto a ellos como compañeros en el viaje de fe. Damos gracias por los padres que asisten a misa regularmente con sus hijos, que adoptan plenamente su función como primeros catequistas de sus hijos y que los inscriben en los programas catequéticos de la parroquia como una extensión de la "iglesia doméstica", que es la manera en que la Iglesia católica ve a la familia. Puesto que podemos identificarnos con estas familias, acompañarlas a lo largo del camino se siente como algo natural.

La realidad es que a menudo nos encontraremos caminando junto a familias y niños que, como Jeri, todavía necesitan alimentar la semilla de la fe que Dios ha sembrado en ellos. Cuando somos receptivos, pacientes y abiertos a aceptar sin juzgar a las familias, desarrollamos un sentido de pertenencia, que es una parte importante del acompañamiento a los demás. Desde esa posición podemos ayudar mejor a las familias a ver la verdad de su vida a la luz de la Sagrada Tradición y de las Sagradas Escrituras.

Esto puede representar un desafío. A veces trasladamos actitudes y opiniones infundadas a nuestro ministerio sobre "esos" niños o "esas" familias que no se comportan como nosotros o que no creen lo mismo que nosotros. Si las dejamos fluir libremente, estas actitudes atentarán contra nuestro objetivo de acompañar a las personas que son diferentes a nosotros. En cambio, debemos adoptar la función del padre del hijo pródigo, que espera ansioso su regreso y que, cuando lo ve a la distancia, corre hacia él para recibirlo en casa.

Sabremos que nos hemos entregado verdaderamente al ministerio de acompañar a los demás cuando el proceso nos dé la sensación de habernos quitado las sandalias y estar parados sobre suelo sagrado. Al hacerlo, ¡descubriremos continuamente la felicidad que es acompañar a las familias!

Para acompañar a los demás, consideramos las siguientes nociones:

- Tener especial sensibilidad al momento de abordar el proceso de (pre)evangelización, el acto de recibir a las personas y ocuparse de sus necesidades humanas básicas (aceptación, seguridad, etcétera) como forma de prepararlas para recibir la Palabra de Dios.
- Somos llamados a compartir con compasión y alegría que Cristo está presente y activo en nuestra vida y en todas las situaciones.
- Todas las personas, todas las familias, son sagradas, incluso (y tal vez especialmente) en el caos, el desorden o aun en la apatía que es parte de la experiencia humana.
- En esta "teología de la presencia", estar juntos en silencio es un don hermoso que podemos ofrecer a los demás para permitir que el mensaje de Dios llene nuestro corazón. Según las palabras que

suelen atribuirse a san Francisco de Asís: "Prediquen el Evangelio en todo momento y de ser necesario, usen palabras" [v.d.t].

- No hay nosotros/ellos. Solo hay *nosotros*. Juzgar a los niños y familias que no actúan como nosotros o no creen lo mismo que nosotros divide y va en contra de nuestro llamado divino a evangelizar y catequizar.

Para reflexionar y conversar: La vocación del catequista incluye acompañar a personas de todas las edades en el camino de la fe, en especial en el desorden de la vida. ¿Cuál es tu percepción de las familias que no asisten a misa regularmente, que no actúan como nosotros o que no creen en lo mismo que nosotros?

Involucrarse

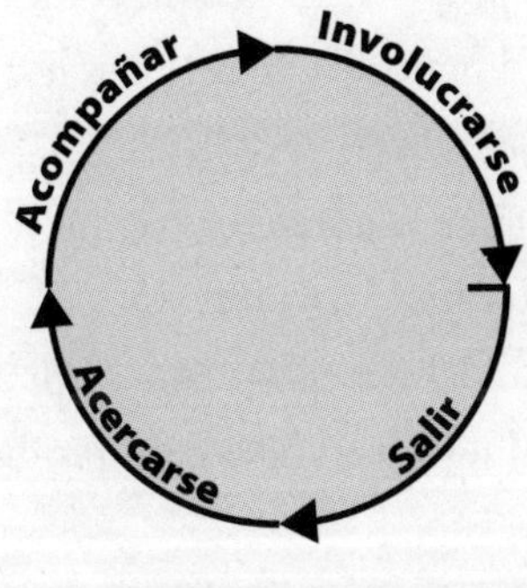

¿Cómo describirías a una persona cautivadora? Una persona con atributos positivos que propician la participación de los demás puede describirse como alguien cuya presencia es cordial; alguien interesante, que comparte ideas con las que muchos pueden identificarse; alguien que te desafía a reconsiderar tus propias experiencias y, de este modo, te ayuda a ubicarte en un camino más sagrado. Puede ser alguien cuyas obras de misericordia corporales te inspiren. O puede ser tan sencillo como alguien cuya sonrisa y estilo personal generen inmediata confianza.

Involucrarnos de manera efectiva, sin embargo, nos ayuda a sentirnos mejor con nosotros mismos *y además* es un llamado a la acción. La experiencia es tan convincente que te inspira a hacer lo mismo. Involucrarnos de manera positiva conecta y desafía.

El Cardenal Wuerl dijo: "No solo nos proponemos caminar con las personas, sino que queremos involucrarlas en la belleza y maravilla de nuestra fe católica. Ustedes y yo creemos que Cristo resucitó, que camina con nosotros y que podemos tocarlo, llegar a él y estar con él en la vida sacramental de la Iglesia. Necesitamos tener la confianza de decir esto cuando acompañamos a alguien, de modo que realmente podamos involucrarlo en la vida de la Iglesia" [v.d.t.] (Homilía, Misa del Espíritu Santo, 8 de septiembre de 2016).

Entonces, la vocación del catequista incluye:

- Estar atento a la propia vida sacramental y de oración de modo que la belleza y la maravilla de la fe católica se desplieguen continuamente ante nuestros ojos.
- Involucrarse de manera auténtica con los demás con orientación hacia Cristo en palabra y sacramento.
- Aceptar el desafío del Evangelio para inspirar a los demás a la acción y para asumir un compromiso profundo con el discipulado en Cristo.

Para reflexionar y conversar: La vocación del catequista implica involucrarse. Describe algunas de las actitudes con las que tus catequistas demuestran que se involucran. ¿Cómo han inspirado a otros a actuar? ¿Qué capacidades u oportunidades de formación de la fe podrían necesitar para promover la participación?

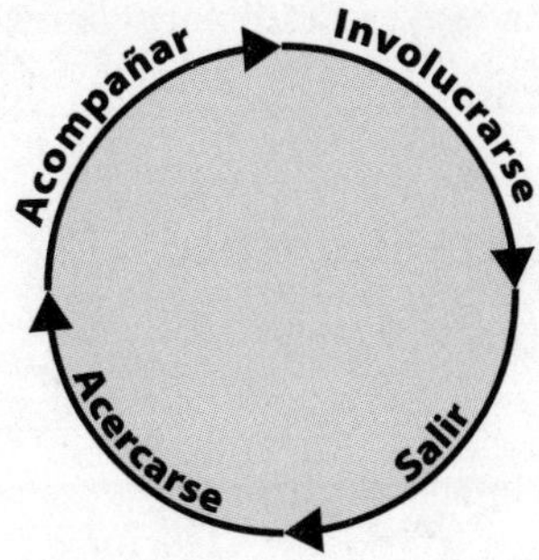

La vocación del catequista es salir, acercarse, acompañar e involucrarse, siempre con la confianza de que Cristo está presente y ya obra en nuestra vida y en la vida de las personas a quienes servimos. Dios no solo nos acompaña, sino que está allí afuera, esperándonos. Podemos estar seguros de que adonde vayamos, ¡Dios estará esperándonos!

Resumen: Tenía que atravesar Samaría

[Jesús] Tenía que atravesar Samaría. Llegó a un pueblo de Samaría llamado Sicar, cerca del terreno que Jacob dio a su hijo José. Allí se encuentra el pozo de Jacob. Jesús, cansado del camino, se sentó tranquilamente junto al pozo. Era mediodía. Una mujer de Samaría llegó a sacar agua. Jesús le dice: "Dame de beber". (Jn 4:4–7)

El hecho es que Jesús *no* tenía que pasar por Samaría para ir de Judea a Galilea. En el tiempo de Jesús, la mayoría de los judíos prefería rodear Samaría en lugar de atravesarla. Sin embargo, Jesús eligió pasar por este territorio, donde vivían personas a quienes se consideraba "indeseables". Jesús fue, se acercó y acompañó a los samaritanos; también se involucró con ellos allí, comenzando por la mujer junto al pozo.

Como líder catequético, estás convocando a personas que, a su vez, deben convocar a otras a la conversión. No estás buscando simplemente llenar los espacios con seres vivos; estás buscando a personas capaces de responder a este extraordinario llamado —esta vocación— de servir como catequistas.

Madurar como líder catequético

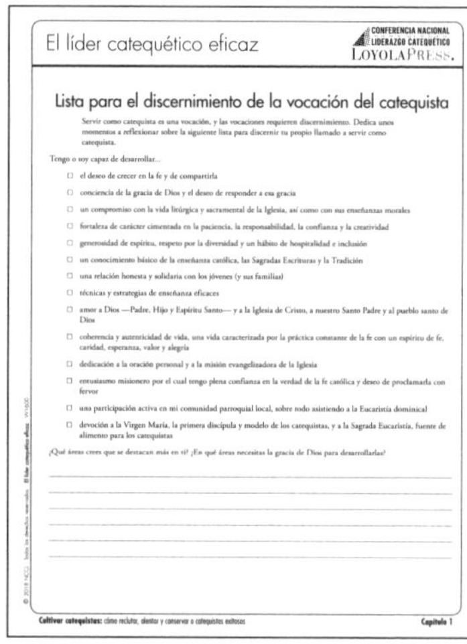
El líder catequético eficaz

CONFERENCIA NACIONAL LIDERAZGO CATEQUÉTICO
LOYOLAPRESS.

Lista para el discernimiento de la vocación del catequista

Servir como catequista es una vocación, y las vocaciones requieren discernimiento. Dedica unos momentos a reflexionar sobre la siguiente lista para discernir tu propio llamado a servir como catequista.

Tengo o soy capaz de desarrollar...

- ☐ el deseo de crecer en la fe y de compartirla
- ☐ conciencia de la gracia de Dios y el deseo de responder a esa gracia
- ☐ un compromiso con la vida litúrgica y sacramental de la Iglesia, así como con sus enseñanzas morales
- ☐ fortaleza de carácter cimentada en la paciencia, la responsabilidad, la confianza y la creatividad
- ☐ generosidad de espíritu, respeto por la diversidad y un hábito de hospitalidad e inclusión
- ☐ un conocimiento básico de la enseñanza católica, las Sagradas Escrituras y la Tradición
- ☐ una relación honesta y solidaria con los jóvenes (y sus familias)
- ☐ técnicas y estrategias de enseñanza eficaces
- ☐ amor a Dios —Padre, Hijo y Espíritu Santo— y a la Iglesia de Cristo, a nuestro Santo Padre y al pueblo santo de Dios
- ☐ coherencia y autenticidad de vida, una vida caracterizada por la práctica constante de la fe con un espíritu de fe, caridad, esperanza, valor y alegría
- ☐ dedicación a la oración personal y a la misión evangelizadora de la Iglesia
- ☐ entusiasmo misionero por el cual tengo plena confianza en la verdad de la fe católica y deseo de proclamarla con fervor
- ☐ una participación activa en mi comunidad parroquial local, sobre todo asistiendo a la Eucaristía dominical
- ☐ devoción a la Virgen María, la primera discípula y modelo de los catequistas, y a la Sagrada Eucaristía, fuente de alimento para los catequistas

¿Qué áreas crees que se destacan más en ti? ¿En qué áreas necesitas la gracia de Dios para desarrollarlas?

Cultivar catequistas: cómo reclutar, orientar y conservar a catequistas exitosos — Capítulo 1

Al prepararte para convocar vocaciones al ministerio catequético, dedica tiempo a reflexionar sobre tu propia vocación y la manera en que has respondido al llamado de Dios de salir, acercarte, acompañar e involucrarte.

Visita www.loyolapress.com/lce para acceder a la hoja de ejercicios.

Acción sugerida

Dado que servir como catequista es una vocación, tiene sentido comenzar tu participación en la convocatoria de vocaciones rezando y pidiendo la guía del Espíritu Santo. Considera la opción de rezar una novena: nueve días de oración (imitando los nueve días que los apóstoles y la Virgen María permanecieron en oración entre la Ascensión de Jesús y la venida del Espíritu Santo) usando palabras como estas cada día:

Dios de amor, Creador de todas las cosas, tú nos llamas a tener una relación contigo y con los demás. Envía a tu Espíritu Santo para inspirar a los fieles discípulos de tu Hijo para responder al llamado de servir como catequistas. Que acepten la invitación a salir, acercarse, acompañar e involucrarse con tu pueblo, y que lo lleven a una relación con tu Hijo, Nuestro Señor Jesucristo. Amén.

Recursos adicionales

En español

La mochila del catequista. Joe Paprocki y Julianne Stanz (Chicago: Loyola Press, 2016).

La caja de herramientas del catequista. Joe Paprocki y Doug Hall (Chicago: Loyola Press, 2009).

La vocación cristiana. Reflexiones útiles. Tomás Spidlik (Ciudad Nueva, 2016).

En inglés

Consider Your Calling [Examina tu llamado]. Gordon T. Smith (Downers Grove, IL: InterVarsity Press, 2016).

2

Los requisitos precisos: descripción de la función del catequista

En el capítulo 1 hablamos sobre la vocación del catequista caracterizándola como un llamado del Amor a amar. La función del catequista es transitar el camino de la fe con personas de todas las edades, compartir las enseñanzas de la Iglesia y ayudar a otros a reconocer que Jesús está vivo y se encuentra entre nosotros y en nosotros. El *Directorio Nacional para la Catequesis* nos dice que "la finalidad de la catequesis, en el conjunto de la evangelización, es la de ser un período de enseñanza y de madurez" con el "objeto de la catequesis (como) comunión con Jesucristo" (*DNC*, #19).

¡Tienen que escuchar esto!

El Evangelio de Lucas describe el encuentro de dos discípulos con Cristo resucitado en el camino a Emaús. Si bien no lo reconocieron al principio, Jesús caminó con ellos, les enseñó y comió con ellos. Al reflexionar sobre esta experiencia, los discípulos se dijeron maravillados: "¿No sentíamos arder nuestro corazón mientras nos hablaba por el camino y nos explicaba la Escritura?" (Lucas 24:32). La función del catequista sigue el modelo del enfoque que Jesús exhibe en este pasaje: acompañar, enseñar y participar en la Eucaristía.

San Lucas sigue relatando que: "Se levantaron al instante, volvieron a Jerusalén y encontraron a los Once con los demás compañeros" (Lucas 24:33). Llenos con la certeza de haber visto a Cristo resucitado, los dos discípulos volvieron a Jerusalén emocionados. Puedes imaginarlos, las manos asiendo con fuerza los hombros de algunos discípulos y gritando: "¡Tienen que escuchar esto!". Esa es la actitud que está en el corazón de la función del catequista.

Transitar el camino

A menudo, los catequistas lamentan el escaso tiempo que tienen para estar con los jóvenes en los programas catequéticos parroquiales. Posiblemente se pregunten: "¿Qué puede lograrse con una o dos horas de contacto por semana?". Primero, debemos ayudar a nuestros catequistas a darse cuenta de que el tiempo que pasan con sus alumnos siempre es valioso, y segundo, recordarles que hacen esto por la razón más noble de todas: ayudar a sus alumnos a conocer a la Persona de Jesucristo más profundamente.

El deseo que tenemos de pasar más tiempo con los jóvenes en nuestras clases proviene de una fuente sagrada: Dios ha sembrado en nosotros el deseo de pasar nuestra vida entera buscando maneras de conocerlo, amarlo y servirle bien. Este es el camino de la fe: no se limita a sesiones semanales de catequesis, ¡es literalmente una aventura para toda la vida!

Para los catequistas, transitar este camino con las personas a quienes enseñan y sus familias es acompañarlas durante la progresión natural de la vida y crecer juntos en el proceso de entender a Dios, entender el mundo y entendernos a nosotros mismos. Esta misión va más allá del salón de clases y abarca la vida misma, ya que los catequistas desean conocer los intereses y actividades de sus alumnos; celebran los acontecimientos importantes, como los cumpleaños, los aniversarios de bautismo y las graduaciones, y se ofrecen a rezar con ellos y por ellos en los momentos de dolor. El tiempo que los catequistas pasan en el salón de clases, en consecuencia, se convierte en uno de los tantos encuentros que comparten como compañeros de este viaje.

Para reflexionar y conversar: ¿Cómo acompañan los catequistas de tu parroquia a los alumnos y a sus familias fuera del salón de clases?

Enseñar

Una vez que los catequistas emprenden este viaje de fe con sus alumnos y con sus familias, es probable que se pregunten: "Entonces, ¿cómo debemos enseñar?". Como líderes catequéticos, podemos ayudar a los catequistas invitándolos a mirar a Jesús, el Maestro de maestros. En la historia de los discípulos camino a Emaús, Jesús comienza con una pregunta (al estilo socrático) y permite que los discípulos expresen sus temores y dudas. Él sabía que estaban confundidos por su Pasión, muerte y Resurrección, y que buscaban darle sentido a lo que estaban viviendo. Como muestra de su gran amor por ellos, Jesús se presentó en su camino, los escuchó con paciencia y los ayudó a superar sus temores mientras les "explicaba la Escritura" (Lucas 24:32).

Jesús estaba profundamente concentrado en la experiencia de aprendizaje de los discípulos. Relacionó el contenido de su mensaje con la experiencia vivida de los apóstoles e hizo preguntas aclaratorias. Sus palabras ardían en el corazón de los discípulos, pero Jesús sabía que necesitaban más, así que se quedó con ellos y finalmente compartió un ritual de comunión que los llevó a reconocerlo. En otras palabras, lograron el objetivo principal de aprendizaje del día: ¡comprender que Jesús vive! "Ellos por su parte contaron lo que les había sucedido en el camino y cómo lo habían reconocido al partir el pan" (Lucas 24:35).

Una enseñanza eficaz implica mucho más que impartir conocimientos. Los catequistas son llamados a poner énfasis en el alumno y a asegurarse de que su enfoque se centre en el aprendizaje, y que sea interesante y creativo. Los catequistas deberían presentar el contenido de una manera interesante y que permita a los alumnos identificarse y poder establecer conexiones, sacar sus propias conclusiones y lograr sus propios momentos de revelación. Lo maravilloso de este proceso es que no termina allí. Un alumno inspirado por un encuentro con Jesús no puede evitar compartir alegremente la experiencia con los demás: declarar con confianza que Cristo está vivo y que desea seguirlo. Esta acción, llamada evangelización, es el objetivo principal de enseñanza del catequista y, en particular, del líder catequético.

Para reflexionar y conversar: ¿Los objetivos de las lecciones de tus catequistas están centrados en el aprendizaje? ¿Cómo incorporan los catequistas las experiencias de los alumnos y sus familias en las lecciones?

¡Cristo vive!

Nosotros, como catequistas, somos agentes de evangelización. Comprender que Cristo vive colma nuestro corazón con una alegría que inunda al mundo, un acto continuo de recibir de Dios y dar a los demás.

En septiembre de 2013, en su discurso en el Congreso Internacional sobre la Catequesis, el Papa Francisco nos enseñó que "el corazón del catequista vive siempre este movimiento de 'sístole y diástole': unión con Jesús y encuentro con el otro. Son las dos cosas: me uno a Jesús y salgo al encuentro con los otros. Si falta uno de estos dos movimientos, ya no late, no puede vivir".

Consideremos las palabras del Papa Francisco.

- En el Bautismo, recibimos y aceptamos la amorosa invitación de Dios a ser miembros de la comunidad cristiana. La gracia que recibimos en el Bautismo es un don puro, que se brinda gratuitamente para fortalecer nuestra fe y alimentar el deseo de servir a los demás en nombre de Cristo. Recibimos y damos: sístole y diástole.

- En la misa, recibimos a Jesús en palabra y sacramento. Él vive en nosotros y nos envía al mundo para ser sus discípulos y seguir el ejemplo de todo lo que nos ha enseñado. Recibimos y damos: sístole y diástole.

Quienes somos llamados al ministerio catequético imitamos este latido: la alegría de Cristo resucitado que colma el corazón se comparte en cada encuentro con las personas a quienes enseñamos y con sus familias.

Para reflexionar y conversar: Como líder catequético, ¿qué oportunidades ofreces a tus catequistas para reflexionar sobre sus experiencias con Cristo resucitado y compartirlas?

Las funciones del líder catequético y catequista parroquial

Ahora que hemos examinado la función del catequista bajo el lente de las Sagradas Escrituras, consideremos la manera en que las funciones del líder catequético y del catequista parroquial ayudan a crear equilibrio y cohesión en el ministerio. Mediante el Bautismo, todos los cristianos somos llamados a la santidad. Todos tenemos una función en el ministerio de la catequesis. Sin embargo, quienes colaboran en los ministerios catequéticos parroquiales participan de esta responsabilidad de una manera más formal y visible, por lo que es lógico tener una comprensión clara de sus deberes y expectativas. En el *Directorio Nacional para la Catequesis*, los obispos de los Estados Unidos ofrecen un panorama claro de las responsabilidades.

Es importante destacar que estas funciones no reemplazan a las de los padres de familia, que son los primeros y más influyentes catequistas en la vida de un niño. De hecho, los programas catequéticos parroquiales existen para apoyar a los padres en su sagrada responsabilidad de formar a sus hijos en la fe. La función de los padres como catequistas de sus hijos se explora en detalle en los libros 5 y 6 de esta serie.

La función del líder catequético parroquial

Bajo la dirección del párroco, el líder catequético o coordinador está a cargo de las siguientes responsabilidades:

- Dirección general de los programas catequísticos parroquiales para personas adultas, jóvenes y niños.
- Planificación, implementación y evaluación del programa catequístico parroquial.
- Contratación, selección de voluntarios, formación, desarrollo continuo y evaluación de los catequistas.
- Implementación de las políticas y directrices catequísticas de la diócesis y la parroquia, incluidas las áreas de certificación y supervisión de catequistas, así como las políticas relacionadas con negligencia, abuso sexual, acoso sexual y la seguridad y protección de menores de edad con el fin de lograr un ambiente seguro.
- Colaboración con el párroco, con otros ministros parroquiales y con los comités, las juntas y los consejos apropiados.
- Asistencia en la planificación litúrgica.
- Atención a su propio desarrollo personal, espiritual y profesional.

La función del catequista

- Ser ejemplo de persona que ama a Dios —Padre, Hijo y Espíritu Santo— y a la Iglesia de Cristo, al Santo Padre y al pueblo santo de Dios.
- Coherencia y autenticidad de vida caracterizadas por su práctica fiel de la fe en un espíritu de fe, caridad, esperanza, valentía y júbilo.

- Oración y dedicación personales a la misión evangelizadora de la Iglesia.
- Ardor misionero por el cual está plenamente convencido de la verdad de la fe católica y la proclama con entusiasmo.
- Participación activa en su comunidad parroquial particular, especialmente asistiendo a la Eucaristía dominical.
- Devoción a la Santísima Virgen María —la primera discípula y el modelo de los catequistas— y a la Santísima Eucaristía, la fuente del alimento de todos los catequistas.

(*DNC*, #54)

Esta tarea heroica

Si bien la función del catequista no es una ciencia, tampoco es un puesto que pueda ocupar cualquier persona. Quienes son llamados a servir como catequistas deben tener habilidades y cualidades específicas para llevar a cabo esta heroica tarea de manera eficaz. En su libro *La caja de herramientas del catequista*, Joe Paprocki ofrece un resumen de las cualidades, conocimientos y destrezas del catequista:

Cualidades de un catequista eficaz

- Deseo de crecer en la fe y de compartirla.
- Conciencia de la presencia de Dios y del deseo de responder a esa gracia.
- Compromiso con la vida litúrgica y sacramental de la Iglesia, así como con sus enseñanzas morales.
- Carácter fuerte cimentado en la paciencia, la responsabilidad, la autoconfianza y la creatividad.
- Generosidad de espíritu, respeto a la diversidad cultural de la Iglesia, así como los hábitos de hospitalidad e inclusión.

Conocimiento y destrezas de un catequista

- Conocimiento básico de las enseñanzas de la Iglesia, la Sagrada Escritura y la Tradición católica.
- Relación honesta, sana y responsable con la gente joven.
- Técnicas y estrategias efectivas de enseñanza. (Joe Paprocki, *La caja de herramientas del catequista* [Chicago: Loyola Press, 2009], 5)

Elaborar una descripción específica de las funciones que deben desempeñar los catequistas será de gran ayuda al convocarlos a servir en este noble y heroico ministerio. ¿Qué queremos decir con "heroico"? Hoy en día, decimos que una persona es heroica cuando no escatima esfuerzos al realizar un servicio que va más allá de lo que manda el deber. Aunque esto ciertamente se aplica en el caso de los catequistas, existe otro nivel de significado para la palabra *heroico* que podemos encontrar en la tradición de los jesuitas, orden fundada por san Ignacio de Loyola. Para los jesuitas es común esforzarse para que su labor sea heroica, es decir, son personas llamadas a "apuntar alto" y a ofrecer no menos que la más alta calidad así como a cultivar el deseo de excelencia. ¡Convocar a alguien a servir como catequista es efectivamente heroico!

Resumen: Jesús envía a los setenta y dos

Después de esto designó el Señor a otros setenta [y dos] y los envió por delante, de dos [en dos], a todas las ciudades y lugares adonde pensaba ir. Les decía: "La cosecha es abundante, pero los trabajadores son pocos. Rueguen al dueño de los campos que envíe trabajadores para su cosecha. Vayan, que yo los envío como ovejas entre lobos. No lleven bolsa ni alforja ni sandalias. Por el camino no saluden a nadie". (Lc 10:1–4)

En el capítulo 10 del Evangelio de Lucas, Jesús ofrece una descripción aproximada de las funciones de los setenta y dos discípulos a quienes envía a proclamar el Reino de Dios a los demás. Las personas necesitan saber qué se espera de ellas cuando son enviadas a realizar una tarea. Del mismo modo, necesitamos articular expectativas específicas y razonables para aquellos a quienes llamamos a servir como catequistas. Como líder catequético, te puede resultar muy útil y eficaz publicar una descripción de las funciones del catequista, que identifique las diversas expectativas básicas en las áreas de conocimiento y destrezas, junto con las responsabilidades, para ayudar a quienes están en proceso de discernimiento sobre el llamado a este heroico ministerio.

Madurar como líder catequético

¿Alguna vez has considerado tu propio ministerio catequético como "heroico"? Si no es así, ¡deberías hacerlo! Asegúrate de dedicar el tiempo necesario a reflexionar sobre cómo apuntas alto en tu ministerio y te esfuerzas por ofrecer solo la más alta calidad y cultivar el deseo de excelencia.

Visita www.loyolapress.com/lce para acceder a la hoja de ejercicios.

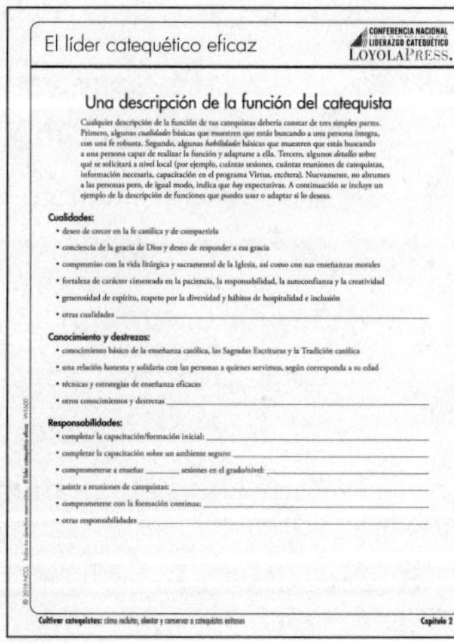
El líder catequético eficaz

CONFERENCIA NACIONAL LIDERAZGO CATEQUÉTICO
LOYOLAPRESS.

Una descripción de la función del catequista

Cualquier descripción de la función de tus catequistas debería constar de tres simples partes. Primero, algunas *cualidades* básicas que muestren que estás buscando a una persona íntegra, con una fe robusta. Segundo, algunas *habilidades* básicas que muestren que estás buscando a una persona capaz de realizar la función y adaptarse a ella. Tercero, algunos *detalles* sobre qué se solicitará a nivel local (por ejemplo, cuántas sesiones, cuántas reuniones de catequistas, información necesaria, capacitación en el programa Virtus, etcétera). Nuevamente, no abrumes a las personas pero, de igual modo, indica que *hay* expectativas. A continuación se incluye un ejemplo de la descripción de funciones que puedes usar o adaptar si lo deseas.

Cualidades:
- deseo de crecer en la fe católica y de compartirla
- conciencia de la gracia de Dios y deseo de responder a esa gracia
- compromiso con la vida litúrgica y sacramental de la Iglesia, así como con sus enseñanzas morales
- fortaleza de carácter cimentada en la paciencia, la responsabilidad, la autoconfianza y la creatividad
- generosidad de espíritu, respeto por la diversidad y hábitos de hospitalidad e inclusión
- otras cualidades ____________

Conocimiento y destrezas:
- conocimiento básico de la enseñanza católica, las Sagradas Escrituras y la Tradición católica
- una relación honesta y solidaria con las personas a quienes servimos, según corresponda a su edad
- técnicas y estrategias de enseñanza eficaces
- otros conocimientos y destrezas ____________

Responsabilidades:
- completar la capacitación/formación inicial: ____________
- completar la capacitación sobre un ambiente seguro: ____________
- comprometerse a enseñar ________ sesiones en el grado/nivel: ____________
- asistir a reuniones de catequistas: ____________
- comprometerse con la formación continua: ____________
- otras responsabilidades ____________

Cultivar catequistas: cómo reclutar, alentar y conservar a catequistas exitosos **Capítulo 2**

Acción sugerida

A medida que comienzas a identificar a posibles catequistas, piensa en los maestros más eficientes que tuviste. Identifica las diversas cualidades y destrezas que poseían y que te gustaría ver en las personas a quienes convocas para servir como catequistas.

Recursos adicionales

En español

Catequistas para una catequesis nueva. Emilio Alberich Sotomayor (CCS, 2012).

La catequesis que soñamos. AECA (Asociación Española de Catequistas) (PPC, 2015).

Cómo programar la catequesis. Henri Derroitte (Sal Terrae, 2008).

En inglés

The Catechist's Companion [El compañero del catequista]. Cullen Schippe (New York: McGraw Hill, 1998).

Catechist 101 [Catequista 101]. Carole M. Eipers (New London, CT: Twenty-Third Publications, 2014).

Heroic Leadership [Liderazgo heroico]. Chris Lowney (Chicago: Loyola Press, 2005).

The Role of the Catechist [La función del catequista]. Cullen Schippe y hermana Angela Ann Zukowski, de la serie *Called to Be a Catechist* [Llamados a ser catequistas] (New London, CT: Twenty-Third Publications, 2016).

3

Cómo convencer a las personas: estrategias para reclutar catequistas

Hay un refrán del inglés que dice: "Si quieres que algo se haga, pídeselo a una persona ocupada". A menudo, una persona ocupada tiene reputación de ser una persona confiable, capaz y dispuesta a servir a los demás. Ante el desafío real de buscar catequistas voluntarios, en especial cuando la necesidad surge a último momento, es comprensible recurrir a quienes ya participan de manera activa en la parroquia. Pero estos esfuerzos desesperados pueden minimizarse cuando al reclutar catequistas aplicamos un enfoque más estratégico.

Un llamado a la misión y a dar testimonio

Piensa en una estrategia como un conjunto de principios rectores que te ayudarán a lograr un objetivo. Los líderes catequéticos eficaces basan su estrategia de reclutamiento en la creencia de que todos los bautizados y confirmados son llamados a llevar a cabo la misión de la Iglesia de dar testimonio de Jesús. Además, saben que el ministerio de la catequesis ayuda a los fieles a identificarse con este llamado y a responderlo.

Chrissy comparte su historia.

> Al despedirme de otros feligreses después de la misa del domingo, volví a mirar hacia la iglesia y vi a la líder catequética de la parroquia arrodillada rezando frente a la estatua de la Santísima Madre. Se veía serena, con una sonrisa dulce en el rostro. "Bueno —pensé—, debe haber pasado algo maravilloso en su vida". Al salir de la iglesia unos minutos después, me miró y me dijo: "Tuve una gran conversación con la Virgen María. Nuestro programa de formación de la fe comienza en dos semanas, y le conté que necesito cuatro catequistas más. Me recordó que la estrategia de su Hijo no incluía ningún anuncio en el púlpito ni en el boletín. Simplemente decía: 'Vengan conmigo'. Me recordó que todo está en la relación y la invitación personal a Cristo, no en hacer que las personas apoyen un programa".
>
> Me miró a los ojos y continuó: "Con tu trabajo de tiempo completo y tu ajetreada vida familiar, sé que pedirte que seas voluntaria es mucho. Pero he visto a tus hijos crecer en la fe desde su bautismo. Necesitamos padres como tú, que puedan dar testimonio de la vida cristiana y que puedan animar a los demás a hacer lo mismo. Ya tienes lo que se necesita, y te prometo que te ayudaré a cada paso del camino. ¿Ayudarás a guiar a los demás hacia Cristo?". Y así es cómo me convertí en catequista de la parroquia.

Luego de leer esta historia, vemos que aparecen varios principios catequéticos para que esta conversación tenga un final feliz. El líder cree que una invitación al ministerio catequético debe:

1. Estar centrada en Cristo.
2. Ser una experiencia de evangelización e inculturación que llegue al corazón.
3. Situarse donde la fe y la vida se encuentran, santificando la experiencia humana.
4. Garantizar el acompañamiento y el desarrollo de habilidades.
5. Ser amable y alegre.

6. Tener conciencia de la urgencia de transmitir nuestra fe a nuestros jóvenes, puesto que pronto serán mayoría dentro de la Iglesia católica.
7. Proporcionar los medios para entender qué es una cultura "puente", ya que las generaciones jóvenes están entre la cultura religiosa de sus padres y la cultura secular de este país.

Por supuesto, cada uno de nosotros tendrá una manera singular de armonizar la propia historia con estos principios rectores. Y ya sea que sigas estos principios o los tuyos propios, generar y utilizar una lista para tu estilo de reclutamiento es una habilidad que requiere práctica y necesita de la reflexión y la oración para desarrollarse. ¡Pero ahí está la belleza del proceso! Al basarnos en nuestro propio llamado y respuesta a catequizar, mejoramos nuestra forma de invitar a los demás a hacer lo mismo.

Pasos para el reclutamiento

Hay diversas estrategias prácticas para llamar a las personas a servir como catequistas. Reúnete con tu párroco, que es el catequista principal y quien dirige la parroquia, y con el equipo de liderazgo parroquial para evaluar e implementar los siguientes pasos.

Piensa en la corresponsabilidad

Si bien es tentador para el líder catequético centrarse solamente en reclutar catequistas para llenar espacios vacíos en el programa catequético, es más apropiado abordar esta tarea con la visión general de ser corresponsables fieles del Evangelio. Todos estamos familiarizados con la corresponsabilidad parroquial: ofrecer nuestro tiempo, talento y tesoro para construir el Reino de Dios. No se trata de dinero, sino de una forma de vida. En su carta pastoral *La corresponsabilidad: respuesta de los discípulos*, la Conferencia de Obispos Católicos de los Estados

Unidos (USCCB por sus siglas en inglés) nos enseña que se considera corresponsable a la "persona que recibe los dones de Dios con gratitud, los aprecia y los cuida de manera responsable y moderada, los comparte en justicia y amor con los demás, y se los devuelve al Señor con creces".

Reclutar catequistas es una extensión natural de la visión general de tu plan de corresponsabilidad parroquial. Comienza por generar conciencia de los valiosos dones que el ministerio ofrece a la parroquia. Comparte historias sobre niños y familias que han crecido en la fe. Pide a los catequistas que compartan sus historias sobre cómo ha cambiado su vida al cultivar y compartir sus dones.

En su prefacio a la carta pastoral, el Obispo Silvestre D. Ryan, presidente del Comité Ad Hoc para la Corresponsabilidad, escribe:

> El ser discípulo requiere nuestra entrega mediante la gracia y la elección de Cristo Jesús. "Los discípulos maduros hacen una decisión consciente y firme de seguir a Jesús, sin importarles lo que cueste". Un discípulo es aprendiz y acompañante de Jesucristo, y también alguien abierto al movimiento del Espíritu Santo que lo impulsa hacia una gran generosidad de corazón. El verdadero discípulo considera que todo lo que es y posee son dones y bendiciones, y percibe la necesidad de compartir esos dones y bendiciones con otros, por el Reino de Dios. *(La corresponsabilidad: respuesta de los discípulos, Carta pastoral sobre la corresponsabilidad, USCCB, 2003)*

Crea (o repasa) funciones y responsabilidades

Con la visión general del programa catequético y una comprensión básica de las necesidades de la parroquia en mente, escribe las funciones y las responsabilidades de tus voluntarios. Una descripción del puesto y un manual para el catequista son herramientas útiles de reclutamiento porque ofrecen a los candidatos una comprensión básica de lo que (se espera) aceptarán. Consulta el capítulo 2 para hallar información específica sobre la función del catequista.

Los métodos más recomendados de distribución son entregar personalmente en mano o enviar por correo postal o electrónico la descripción del puesto al candidato y, al mismo tiempo, hacerla pública en la página web de la parroquia o del programa religioso. Personaliza la invitación incluyendo una descripción de las cualidades que ves en esa persona y la razón por la que crees que sería una buena opción para las personas a quienes se debe servir. Recuerda, estás invitando a los demás al discipulado para servir a Cristo, no a un programa. Asegúrate también de hacer un seguimiento en menos de una semana.

Arma un equipo

Si eres la única persona haciendo la invitación, es probable que te hayas dado cuenta de que son contados los individuos a quienes puedes llegar. Si este es el caso, es momento de que te hagas un favor y comiences a crear un equipo de "invitadores" que entiendan el programa y que se entusiasmen con él. Aunque algunos pueden tener una personalidad con gran carisma y otros una personalidad más reservada, tu equipo debería estar integrado por individuos guiados por el Espíritu que:

- Sepan escuchar bien e identificar en los demás los dones adecuados para el ministerio catequético.
- Se relacionen bien con los demás y sean accesibles.
- Participen y entiendan las diferentes funciones dentro del ministerio, como la del catequista principal, los ayudantes, quienes participan en programas especiales (por ejemplo, retiros familiares, servicios de oración), los asistentes administrativos o de hospitalidad, etcétera.
- Disfruten invitando a otros a ser voluntarios pero que no tomen una respuesta negativa como una ofensa personal.
- Representen la población de la parroquia en términos de grupos etarios (generación), etnias, etcétera.

- Conozcan bien la cultura hispana y a las familias de la comunidad, y celebren las devociones populares y a los santos más venerados por el pueblo.
- Conozcan la lengua y la manera de expresarse tanto de los niños como de las familias.
- Sepan comunicarse con las familias e involucrarlas en el proceso de la catequesis.

La tarea conjunta es la de ser "pescadores de hombres y mujeres". ¡Hasta donde sé, es raro que un pez salte por su cuenta dentro de un bote solo porque quienes se encuentran en él anunciaron que necesitaban un pez! Es cierto que los anuncios hechos desde el púlpito, difundidos en el boletín parroquial o publicados en la página web son útiles, pero solemos depender demasiado de ellos. Y luego no entendemos por qué las personas no están saltando inmediatamente dentro del "bote" de nuestro programa. Si bien puedes continuar utilizando estas formas tradicionales de reclutar catequistas, es más beneficioso y eficaz tener un equipo centrado en desarrollar relaciones que, con el tiempo, presenten oportunidades de hacer una invitación personal al ministerio.

Finalmente, decide qué miembros del equipo estarán presentes en las celebraciones litúrgicas de la parroquia, en los encuentros comunitarios, en las acciones de expansión, etcétera. Su presencia (y la tuya) aumenta la visibilidad del programa y da testimonio de lo que significa ser un discípulo cristiano, evangelizador y catequista.

Para más ideas sobre cómo atraer candidatos a catequistas, visita http://catechistsjourney.loyolapress.com/thinking-of-becoming-a-catechist/.

Identifica grupos de potenciales candidatos

En lugar de simplemente lanzar una red y ver qué pescas, es mucho más acertado identificar ciertos grupos de personas a quienes puedes invitar a servir como catequistas. Considera las siguientes ideas:

- Padres de niños inscritos en el programa de formación de la fe.
- Ayudantes de catequistas.
- Feligreses jubilados.
- Neófitos del RICA (Cuidado: ¡evita "abalanzarte" sobre los neófitos justo después de la Vigilia Pascual! Dales algo de espacio para respirar y no abrumarlos).
- Feligreses que participan activamente en la formación de la fe para adultos.
- Feligreses que participan en programas de formación del ministerio laico.
- Miembros del consejo pastoral de la parroquia (en especial del comité de educación).
- Docentes profesionales (de escuelas públicas y católicas).
- Excatequistas.
- Personas recomendadas por el personal de la parroquia.
- Personas recomendadas por catequistas actuales.

Apela a las razones que motivan a las personas a ser voluntarias

Al convocar vocaciones para la catequesis, es bueno saber por qué las personas se ofrecen como voluntarias en primer lugar. Comprender los motivos por los que las personas se ofrecen como voluntarias hace más fácil identificarlas e invitarlas a servir. Las investigaciones indican que las personas se ofrecen como voluntarias por las siguientes razones:

- Realización: para aprender nuevas habilidades, lograr algo valioso, aumentar la autoestima.
- Desafío: para ampliar sus horizontes, descubrir dones y talentos.
- Creatividad: para expresarse de manera creativa.
- Independencia: para realizar una tarea "por su cuenta" (sin cónyuge o familia).
- Liderazgo: para desarrollar una habilidad de liderazgo personal.
- Reconocimiento: para lograr algo que se verá reflejado de manera positiva (para mejorar su currículo, etcétera).
- Expresión personal: para expresar y transmitir creencias firmes.
- Servicio: para estar al servicio de los demás, para retribuir.
- Socialización: para hacer nuevos amigos.

Las investigaciones también demuestran que, en comparación con los varones, las mujeres son quienes más se ofrecen como voluntarias y que las personas de entre 35 y 44 años de edad son quienes más dispuestas se muestran para el voluntariado.

Crea un ambiente cordial y pastoral

Imagina que entras a una tienda. De pronto notas que en una esquina hay un cliente tratando de obtener ayuda de un dependiente que está ocupado acomodando cosas en las estanterías. Este dependiente por fin ve al cliente, resopla y dice de manera cortante y poco amable: "¿Puedo ayudarle?". ¿Cuál sería tu impresión de esa persona y de la compañía que él o ella representa? Sin duda pensarías que la compañía y sus empleados no son muy cálidos ni muy cordiales.

Los líderes catequéticos con éxito en el reclutamiento tienen en cuenta la importancia de crear un ambiente cordial y pastoral, y a menudo se hacen las siguientes preguntas:

- Cuando las personas visitan nuestro programa catequético, ¿cuál es su primera impresión?

- ¿Hay interacción amable entre catequistas, padres y niños?
- ¿Los alumnos se ven emocionados y felices de estar allí? ¿Los padres comparten historias sobre cómo, en colaboración con el programa catequético de la parroquia, toda la familia está creciendo en la fe?
- ¿Los feligreses escuchan habitualmente cómo los niños y sus familias crecen en la fe gracias al programa?
- ¿El programa se destaca regularmente y de manera positiva en el periódico diocesano, en la página web de la parroquia, en el boletín y en otros medios de comunicación?

La conclusión es que un ambiente dinámico y cordial atrae a los demás al ministerio.

Crea una variedad de oportunidades para participar

Una estrategia común entre los reclutadores profesionales es "dejar sillas vacías". Con esto quieren decir que es mejor dejar una posición vacante que cubrirla con alguien poco idóneo para el puesto. Cuando te des cuenta de que una persona no es la indicada para la función de catequista, en lugar de descartarla de plano, ofrécele una oportunidad de servir que esté acorde con sus dones y talentos. Tal vez, con el tiempo, esa persona ¡desarrolle capacidades de catequista después de todo! Aquí hay algunos ejemplos de maneras alternativas de fomentar el programa catequético:

- Las personas que tienen entusiasmo, pero que no están capacitadas, pueden ser asignadas a un catequista mentor hasta que completen los requisitos para obtener la certificación que concede la diócesis.
- Las personas que no se sienten con la seguridad para ser catequistas principales pueden ser asistentes.

- Las personas que desean ayudar pero no creen poder trabajar con niños pueden ser invitadas a dirigir sesiones catequéticas con los padres para ayudar a fortalecer la iglesia doméstica, o para colaborar con las tareas administrativas.
- Las personas que no pueden asumir un compromiso semanal pueden ayudar con algún retiro o servicio de oración ocasional, o coordinar un programa especial a corto plazo (por ejemplo, la Operación Plato de Arroz de *Catholic Relief Services* [Servicios de Auxilio Católico] durante la Cuaresma).
- Las personas que hablan otros idiomas pueden colaborar con la interpretación y la comunicación con los niños y padres.
- Las personas que desean ayudar pero no necesariamente quieren una interacción individual, pueden colaborar en la oficina o en tareas administrativas, en el estacionamiento, en el control de entrada o de otras maneras, a fin de asegurar que el programa se desarrolle con normalidad.
- Las personas que son respetadas por el resto de la comunidad pero que no desean enseñar pueden colaborar invitando a las familias, brindando hospitalidad y aportando sus comentarios y sabiduría, o guiando las oraciones al comienzo de un encuentro o reunión.

Cada una de estas prácticas ayuda a combinar las necesidades del programa con los dones que posee cada voluntario, lo que fomenta una participación significativa y también crea un grupo de potenciales catequistas.

Recluta de manera proactiva y continua

El reclutamiento es más exitoso cuando es proactivo y continuo. Los líderes catequéticos buscan crear relaciones de manera constante y devota. Asisten a eventos y celebraciones de la parroquia para tener una apreciación real de la diversidad de la vida parroquial. Todo el tiempo desarrollan amistades en la comunidad, en especial con los padres cuyos niños están o han estado inscritos en el programa catequético. Los líderes también encuentran la manera de seguir compartiendo con los demás historias enriquecedoras que dan cuenta de la forma en la que el servir como catequistas ayuda a profundizar el camino de las personas con Cristo, y el modo en que esta tarea toca la vida de las familias e influye en ellas. Por medio de estas conexiones, los líderes permanentemente detectan y establecen relaciones con personas que están discerniendo su vocación para el ministerio catequético.

En *Colaboradores en la viña del Señor*, los obispos de los Estados Unidos ofrecen esta reflexión: "Entre los bautizados, todos los cuales son llamados a servir la misión de la Iglesia, algunos de ellos experimentan un llamado más específico al ministerio eclesial laico. El llamado puede llegar en un momento dramático. Pero a menudo, el llamado se desarrolla en el curso del tiempo, a medida que la persona crece —dentro de la comunidad de fe— en el amor a Dios y en el deseo de hacer su voluntad. Se empieza a considerar que las gracias recibidas pueden ponerse ahora al servicio de la Iglesia. Se inicia un período de discernimiento" (25).

En la medida en que tus catequistas y tú inviten continuamente a personas nuevas a participar en el ministerio catequético, el grupo de potenciales voluntarios se enriquecerá.

Por último: ¡trata bien a los voluntarios!

Cuando se presenten voluntarios, trátalos como los estimados miembros de la familia que son, miembros del Cuerpo de Cristo. Asegúrate de siempre ser amable, considerado y compasivo. Si surge algún conflicto, mantén la compostura, evita hacer comentarios hirientes o actuar de manera impulsiva. Un líder catequético una vez me confesó que, al darse cuenta de que su catequista estaba usando un texto antiguo y no el que estaba vigente para la clase, en presencia de una clase de quinto grado se enojó de tal forma que, en un impulso, arrojó por la ventana un buen libro de texto. El catequista renunció ese mismo día. La semana siguiente, la mitad de sus catequistas también renunciaron. Le tomó un mes enmendar las cosas para que muchos de los catequistas, aunque no todos, volvieran. En el capítulo 8 exploraremos maneras saludables de manejar situaciones difíciles.

Expresa tu agradecimiento por lo que hacen tus voluntarios y cómo su presencia marca una diferencia para la Iglesia y dentro de ella. Las personas se ofrecen como voluntarias porque quieren tener un impacto significativo. Se quedan porque se sienten cuidadas y apreciadas.

Resumen: Vengan y vean

Al día siguiente estaba Juan con dos de sus discípulos. Viendo pasar a Jesús, dice: "Ahí está el Cordero de Dios". Los discípulos, al oírlo hablar así siguieron a Jesús. Jesús se volvió y, al ver que le seguían, les dice: "¿Qué buscan?". Respondieron: "Rabí" —que significa maestro— "¿dónde vives?". Les dice: "Vengan y vean". (Jn 1:35–39)

Jesús no colgó carteles ni distribuyó materiales para invitar a las personas a seguirlo; utilizó una estrategia personal. Preguntó a las personas qué estaban buscando y luego las invitó a seguirlo y a encontrar eso que estaban buscando. En tu función como líder catequético, una de tus máximas prioridades es la de reclutar, o convocar, catequistas. Si bien es importante contar con materiales para complementar tus esfuerzos de reclutamiento, la manera más eficaz de invitar a las personas a discernir si tienen vocación de catequista es el acercamiento personal. Asegúrate de identificar los dones de las personas, formar un equipo que te asista, identificar un grupo de potenciales candidatos, apelar a las razones que motivan a las personas a ser voluntarias, crear un ambiente cordial, reclutar de manera proactiva y continua, ¡y tratar bien a tus voluntarios actuales!

Madurar como líder catequético

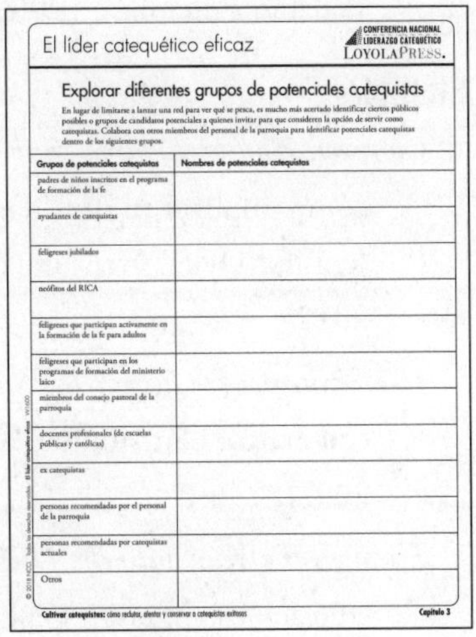

El líder catequético eficaz

CONFERENCIA NACIONAL LIDERAZGO CATEQUÉTICO
LOYOLAPRESS.

Explorar diferentes grupos de potenciales catequistas

En lugar de limitarse a lanzar una red para ver qué se pesca, es mucho más acertado identificar ciertos públicos posibles o grupos de candidatos potenciales a quienes invitar para que consideren la opción de servir como catequistas. Colabora con otros miembros del personal de la parroquia para identificar potenciales catequistas dentro de los siguientes grupos.

Grupos de potenciales catequistas	Nombres de potenciales catequistas
padres de niños inscritos en el programa de formación de la fe	
ayudantes de catequistas	
feligreses jubilados	
neófitos del RICA	
feligreses que participan activamente en la formación de la fe para adultos	
feligreses que participan en los programas de formación del ministerio laico	
miembros del consejo pastoral de la parroquia	
docentes profesionales (de escuelas públicas y católicas)	
ex catequistas	
personas recomendadas por el personal de la parroquia	
personas recomendadas por catequistas actuales	
Otros	

© 2018 NCCL. Todos los derechos reservados. El líder catequético eficaz W1600

Cultivar catequistas: cómo reclutar, alentar y conservar a catequistas exitosos

Capítulo 3

Es importante para nosotros tener modelos que seguir. En la Iglesia tenemos la bendición de contar con los santos, que son ejemplos para nosotros. San Damián y santa Mariana son por excelencia modelos de un voluntariado abnegado. Investiga sus historias y reflexiona para discernir cómo sigues los pasos de los santos poniendo tu vida al servicio de Dios cuando sirves a los demás. Para conocer las historias de san Damián y santa Mariana, visita http://catholichawaii.org/catholic-essentials/scripture-tradition/saints/saint-marianne/.

Visita www.loyolapress.com/lce para acceder a la hoja de ejercicios.

Acción sugerida

Una buena forma de llegar a la mente y al corazón de potenciales catequistas es consultar con los actuales catequistas acerca de la forma en que recibieron el llamado a servir como tales y preguntar qué los motiva a participar en este ministerio. Invita a un grupo de tus catequistas a un encuentro informal en el que puedas escuchar sus historias.

Recursos adicionales

En español

Espiritualidad para voluntarios. Joaquín García Roca (PPC, 2011).

Voluntarios: una revolución imparable. Miguel Ángel Velasco (Palabra Ediciones, 1995).

En inglés

Connect: How to Double Your Number of Volunteers [Conectar: cómo duplicar tu cantidad de voluntarios]. Nelson Searcy con Jennifer Dykes Henson (Grand Rapids, MI: Baker Books, 2012).

101 Strategies for Recruiting Success [101 estrategias para reclutar con éxito]. Christopher W. Pritchard (New York: AMACOM, 2007).

Through the Year with the DRE [Todo el año con el director de educación religiosa]. Gail Thomas McKenna (Mahwah, NJ: Paulist Press, 1987).

4

Sentar las bases: formación y capacitación de catequistas

La mayoría de los nuevos catequistas sienten un gran amor por la Iglesia, sus niños y sus familias. Es probable que comiencen su ministerio con mucha ansiedad, pues no son maestros profesionales en su mayoría. Al reconocer esta realidad, gran parte de las diócesis requieren que los catequistas participen en un proceso de formación que conduzca a diversos niveles de reconocimiento y/o certificación. No se trata simplemente de que los catequistas cumplan con los requisitos o sorteen obstáculos. Más bien, guiar a un catequista para obtener la certificación y asistirlo más allá de este objetivo es una de las maneras más poderosas de las que dispone un líder catequético para dar prestigio a la vocación del catequista y preparar a determinados individuos a fin de que también ocupen una posición de liderazgo.

Con tantas horas ya dedicadas al ministerio parroquial, es posible que los líderes no se sientan con la confianza de pedir a los nuevos catequistas que completen el proceso de certificación. Pero ten esto en cuenta: con un proceso de formación continua, los catequistas mejorarán su capacidad para evangelizar, conocerán a Cristo de manera más íntima y aprenderán a enseñar como lo hizo él.

La historia de Christopher

Christopher se acercó a mí brincando con una sonrisa de oreja a oreja. "Estoy tan emocionado. ¡Acabo de completar todos los requisitos del programa de certificación de catequistas!".

Lo felicité por su gran logro. Después de todo, tenía un trabajo de tiempo completo, participaba en el ministerio parroquial y llevaba una vida social sana. Le hizo falta mucho ánimo, compromiso y apoyo para completar los requisitos de tan riguroso programa.

"Entonces, Chris, ¿has podido darle buen uso a tu certificación?".

"Sí, he estado preparando lecciones que planeo dar como catequista para mi parroquia. ¡Quiero contarles a todos sobre Jesús!".

"¡Eso es genial! Hay muchas maneras en las que puedes hablar a los demás sobre Jesús. ¿Qué tienes en mente?".

"Bueno, puedo usar historias, enseñarles cómo rezar, preguntarles qué está pasando en su vida y cómo pueden parecerse más a Cristo. Puedo recordarles que a través de los sacramentos se encuentran con Jesús de una manera especial, en particular en la Reconciliación y la Eucaristía, y recomendarles que participen en los sacramentos de manera regular, especialmente con sus padres".

"¿Y. . . ?".

"Y puedo hablar a mis alumnos sobre Jesús tratando a los demás con dignidad y respeto, en especial a los más vulnerables".

"Lo que estás haciendo, entonces, no es solo contar a tus alumnos sobre Jesús sino ayudarlos a tener un encuentro con él. También estás describiendo lo que san Juan Pablo II imaginó cuando dijo que debemos predicar la verdad inmutable, pero 'nueva en su ardor, en sus métodos, en su expresión'".

"Nunca lo había visto de ese modo. Me hace querer seguir aprendiendo sobre la fe católica".

Este líder catequético no solo animó, sino que ayudó a Christopher a captar la riqueza del ministerio. De muchas maneras, Christopher ilustra lo que el Papa Francisco desea del catequista:

Para un discípulo, lo primero es estar con el Maestro, escucharle, aprender de él. Y esto vale siempre, es un camino que dura toda la vida. Me acuerdo de haber visto tantas veces, cuando estaba en la diócesis que tenía antes, a los catequistas salir de los cursos del seminario catequístico, diciendo: "¡Ya tengo el título de catequista!". Eso no vale, no tienes nada, has dado un pequeño paso. ¿Quién te ayudará? ¡Esto vale siempre! No es un título, es una actitud: estar con él, y dura toda la vida. Se trata de estar en la presencia del Señor, de dejarse mirar por él. (Papa Francisco, Congreso Internacional sobre la Catequesis, 27 de septiembre, 2013)

La prioridad absoluta de la formación de los catequistas

Entonces, ¿qué tan importante es la formación de los catequistas? El *Directorio General para la Catequesis* expresa: "La pastoral catequética diocesana debe dar absoluta prioridad a la *formación de los catequistas laicos*" (*DGC*, #234). En el *Directorio Nacional para la Catequesis* se describe un enfoque global:

> El fin definitivo de la catequesis es poner a uno no sólo en contacto sino en comunión, en intimidad con Jesucristo. . . Jesús formó a sus discípulos haciéndoles conocer las diversas dimensiones del Reino de Dios. Les confió "los misterios del Reino de los cielos"; les enseñó a orar; les abrió su "corazón manso y humilde"; y los envió "por delante, de dos en dos, a todos los pueblos y lugares adonde pensaba ir". La tarea fundamental de la catequesis es lograr este mismo objetivo: la formación de discípulos de Jesucristo. Jesús instruyó a sus discípulos, oró con ellos, les mostró cómo vivir y les confirió su misión. (*DNC*, #19B, 20)

El *DNC* resume los objetivos de la catequesis en las seis tareas de la catequesis:

1. **La catequesis promueve el conocimiento de la fe.** Los catequistas son llamados a proclamar el Evangelio con alegría de

modo que las personas a quienes enseñan, inspiradas por el Espíritu Santo, deseen saber más sobre Cristo. Deben enseñar que Dios se revela en las Sagradas Escrituras y en la sagrada Tradición, y son llamados a ayudar a los demás a conocer y comprender mejor el Credo y las doctrinas básicas de la Iglesia.

2. **La catequesis promueve un conocimiento del significado de la liturgia y de los sacramentos.** Los catequistas son llamados a mostrar a Cristo tal como se manifiesta en los sacramentos, invitando a quienes reciben su enseñanza a experimentarlo de manera íntima en las celebraciones litúrgicas, sobre todo en la Eucaristía. Los catequistas son llamados a explicar la forma y el significado de la liturgia y los sacramentos de manera que dé forma al corazón y a la mente del aprendiz.
3. **La catequesis promueve la formación moral en Jesucristo.** Los catequistas son llamados a enseñar a los demás que "revístanse del Señor Jesucristo" (Romanos 13:14) significa conocer y vivir las enseñanzas morales de Cristo. Son llamados a ser modelos y a alentar a las personas a ser fieles a las exigencias del Evangelio.
4. **La catequesis enseña al cristiano cómo orar con Cristo.** La oración y la reflexión son esenciales para la vida interior cristiana. Los catequistas son llamados a enseñar a los demás a orar como Jesús oró, y así ayudar a entender que nos encontramos con él de una manera especial mediante la oración y la reflexión.
5. **La catequesis prepara al cristiano para vivir en comunidad y para participar activamente de la vida y misión de la Iglesia.** Las enseñanzas de Cristo orientan nuestras interacciones con los demás. Los catequistas son llamados a enseñar que la vida en Cristo se expresa mediante el amor a los demás, la humildad, la sencillez y la disposición a preocuparse por los necesitados y cuidarlos. Recibimos la gracia que necesitamos para participar plenamente en la misión de Jesús.

6. **La catequesis promueve un espíritu misionero que prepara a los fieles para estar presentes como cristianos en la sociedad.** Vivimos nuestra vocación en el mundo y podemos dar testimonio de Jesús de muchas maneras. Los catequistas son llamados a enseñar que en casa, en la escuela, en las reuniones sociales o dondequiera que estemos, los demás deberían saber que somos cristianos por nuestras palabras y nuestros actos.

Los cuatro pilares

Observa cómo las cuatro primeras tareas se alinean con los cuatro pilares del *Catecismo de la Iglesia Católica*. En su libro *Una fe bien construida*, Joe Paprocki se refiere a los cuatro pilares:

- Asirse a la fe: el Credo
- Expresar la fe: la liturgia y los sacramentos
- Vivir la fe: la vida en Cristo (moral)
- Orar la fe: la oración

A estos pilares se les suman las dos tareas finales:

- Orientar la fe: aprendizaje de la vida cristiana
- Evangelizar con la fe: promover un espíritu misionero

Ya que los catequistas nos miran a nosotros —sus líderes catequéticos— en busca de esos seis puntos, podemos tener la confianza de que el entrenamiento y la formación que les ofrecemos de verdad los ayudarán a enseñar a otros, porque su enseñanza proviene de Cristo. Como dijo Jesús: "Mi enseñanza no es mía, sino del que me envió" (Juan 7:16).

Formar un catequista completo

- La formación del catequista busca desarrollar un catequista completo. Con esto queremos decir un catequista capaz de ofrecer a los estudiantes una experiencia integral de aprendizaje, dotado de equilibrio entre lo cognitivo (saber), lo afectivo (ser) y el comportamiento/desempeño (hacer). En el capítulo 6 examinaremos estas áreas con más detalle. Mientras tanto, sin embargo, es importante saber que antes de que los catequistas puedan empezar su ministerio, deberían recibir la capacitación inicial que los ayudará a entender tanto la naturaleza misma de la catequesis como las metodologías básicas, y a lograr una comprensión general de las seis tareas de la catequesis descritas anteriormente en este capítulo.

- Es importante ofrecer recursos y oportunidades ya sea para entender los fundamentos teológicos de las prácticas devocionales típicas de la comunidad hispana como para profundizar en los valores de la cultura que tienen una base eminentemente cristiana (la hospitalidad, la dignidad, la justicia, la familia).
- Crear espacios para las celebraciones activas de los momentos importantes en la vida de la comunidad hispana, como los momentos catequéticos.
- A medida que continúan participando en su ministerio, anímalos a seguir enriqueciendo su conocimiento sobre la fe católica, su comprensión de las diversas metodologías y su dominio de las seis tareas de la catequesis, detalladas antes. El crecimiento continuo debería enfocarse en su formación a nivel humano, espiritual, intelectual y apostólico.

Ofrece opciones

En el acelerado mundo de hoy, es imprescindible que ofrezcamos formación catequética en una variedad de formas que ayuden a los atareados catequistas a obtener la capacitación que necesitan. Considera la posibilidad de utilizar las siguientes opciones:

- Oportunidades locales en tu parroquia o en alguna parroquia vecina (incluyendo recursos que los catequistas puedan usar en casa de manera independiente, como seminarios web, difusión multimedia, DVD y videos de YouTube).
- Oportunidades regionales (incluyendo las que ofrecen grupos de parroquias, el decanato o vicariato).
- Oportunidades diocesanas (entre ellas, conferencias, talleres, seminarios, institutos y retiros).
- Oportunidades en línea, como la Comunidad Cibernética para la Formación en la Fe (CCFF, https://vlcff.udayton.edu/).

Otra manera de darle forma a un programa integral es incluyéndolo en el calendario de actividades. Algunos líderes catequéticos emplean un enfoque particular para incluir la formación del catequista dentro del calendario de modo que se lo considere parte integral del programa de formación de la fe y no algo opcional.

Una parroquia que ofrece sesiones de formación de la fe semanales los lunes por la noche, destina el primer lunes de cada mes a la formación de catequistas. Los jóvenes no tienen clase esa noche, pero es obligatorio que los catequistas asistan. Puesto que las sesiones de formación se llevan a cabo la misma noche que los catequistas han reservado para enseñar, el nivel de asistencia es excelente. Otra parroquia no comienza las sesiones de formación de la fe con los niños hasta el mes de octubre, de modo que todo el mes de septiembre se pueda emplear para experiencias semanales de formación de catequistas.

Conecta la teoría con la práctica (praxis)

Si bien un programa de certificación ofrece una excelente base, los catequistas, en particular aquellos que son nuevos, necesitarán tu guía para desarrollar una praxis: poner en práctica lo aprendido o, como les gusta decir a los jesuitas, “un modo de proceder”. La teología que no se arraigue en una praxis sólida y eficaz será estéril. Por lo tanto, aunque puede ser tentador entregar a tus catequistas sus libros didácticos, desearles buena suerte y enviarlos a las clases, es importante dedicar tiempo de calidad a guiarlos, a aclimatarlos al proceso y a fortalecer sus habilidades. Después de todo, incluso con excelentes recursos de enseñanza, lleva tiempo asimilar la lección y desarrollar un *saber hacer* educativo, es decir, un modo de proceder eficaz.

Puedes preparar a tus catequistas para el éxito considerando lo siguiente:

- Mi párroco y/o yo conversamos regularmente con los catequistas sobre las lecciones y les ofrecemos apoyo y dirección.
- Les entrego o tengo acceso a los principales recursos educativos que necesitan como la Biblia católica, el *Catecismo de la Iglesia Católica*, el *Directorio General para la Catequesis* y el *Directorio Nacional para la Catequesis*.
- Ofrezco materiales didácticos adecuados, como libros de texto para los estudiantes, guías para los catequistas y materiales para el aula.
- Les brindo recursos didácticos actuales, como periódicos y revistas.
- Estoy en contacto habitual con la oficina catequética diocesana y mantengo informados a mis catequistas acerca de los recursos, conferencias y retiros catequéticos disponibles.
- Conozco a sus familias y la situación social en la que se encuentran, para poder ayudarlos a adaptar el mensaje a los destinatarios y aplicar los principios de la fe a la catequesis.
- Oro con ellos y regularmente hacemos una reflexión teológica sobre la situación de la comunidad.

Finalmente, guía a tus catequistas en el desarrollo de un proceso sencillo de planificación de las lecciones. Los planes de estudio necesitan indicar claramente los objetivos de aprendizaje que vinculan la guía del catequista con los estándares diocesanos, el año litúrgico y otros requisitos de la parroquia/diócesis. Hablaremos más sobre estos aspectos en el capítulo 6.

Para reflexionar y conversar: ¿Cómo apoyas a tus catequistas, en particular a los nuevos, en su ministerio?

Fomenta la colaboración

¿Todo esto suena abrumador? Puede ser útil formar grupos de planificación según los grados (ejemplo, de kindergarten a segundo grado, grados 3 a 5, 6 a 8, 9 a 12). Reúnete y colabora con estos grupos habitualmente para orar juntos y revisar sus lecciones. Por medio de este proceso, comprenderás qué es lo que se está planificando, cómo los catequistas de cada grado pueden apoyarse entre sí y en qué áreas necesitan formación continua.

Una ventaja importante de estos grupos de reflexión es descubrir a líderes emergentes. Estas serán las personas que muestren mayor entusiasmo y lleguen siempre preparadas. Harán preguntas que van más allá de los aspectos operativos de la planificación de lecciones, y presentarán maneras novedosas y creativas de atraer a los alumnos y a sus padres. Cultiva a estos catequistas con atención, pues Dios los ha llamado al ministerio de una manera especial: ¡el liderazgo!

Resumen: "¿Cómo voy a entenderlo si nadie me lo explica?"

Felipe la alcanzó [a la carroza] de una carrera y oyó que estaba leyendo la profecía de Isaías, y le preguntó: "¿Entiendes lo que estás leyendo?". Contestó: "¿Y cómo voy a entenderlo si nadie me lo explica?". Y lo invitó a subir y sentarse junto a él. (Hch 8:30–31)

Felipe fue enviado por el Espíritu Santo para guiar a los demás en el proceso de entender la fe de modo más profundo. El líder catequético desarrolla catequistas de la misma manera. ¡Hoy en día escuchamos mucho sobre personas que reclaman sus derechos! Si existiera una "declaración de derechos del catequista", uno de esos derechos sería la capacitación y formación. Les debemos a nuestros catequistas la mejor capacitación que podamos ofrecer. Es su derecho, y los perjudicamos si ignoramos su necesidad de formación continua.

Como líder catequético, haz todo lo que esté en tus manos para crear una cultura de aprendizaje y formación continuos para los catequistas. Cada vez que te reúnas con ellos, ofréceles recursos o información para su propia formación de la fe, y ayúdalos y anímalos a aprovechar estas oportunidades. Si tu presupuesto lo permite, brinda ayuda financiera para que los catequistas asistan a talleres y seminarios de modo que puedan beneficiarse de toda la capacitación que merecen.

Madurar como líder catequético

Antes de pedir a los demás que comiencen su formación, es útil reflexionar acerca de tus propias actitudes y comportamientos. ¿Cómo te ves reflejado en estas afirmaciones?

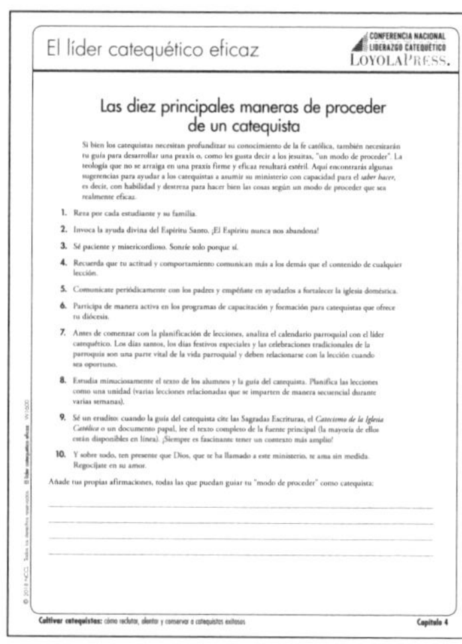

El líder catequético eficaz

CONFERENCIA NACIONAL LIDERAZGO CATEQUÉTICO
LOYOLA PRESS.

Las diez principales maneras de proceder de un catequista

Si bien los catequistas necesitan profundizar su conocimiento de la fe católica, también necesitarán tu guía para desarrollar una praxis o, como les gusta decir a los jesuitas, "un modo de proceder". La teología que no se arraiga en una praxis firme y eficaz resultará estéril. Aquí encontrarás algunas sugerencias para ayudar a los catequistas a asumir su ministerio con capacidad para el *saber hacer*, es decir, con habilidad y destreza para hacer bien las cosas según un modo de proceder que sea realmente eficaz.

1. Reza por cada estudiante y su familia.
2. Invoca la ayuda divina del Espíritu Santo. ¡El Espíritu nunca nos abandona!
3. Sé paciente y misericordioso. Sonríe solo porque sí.
4. Recuerda que tu actitud y comportamiento comunican más a los demás que el contenido de cualquier lección.
5. Comunícate periódicamente con los padres y empéñate en ayudarlos a fortalecer la iglesia doméstica.
6. Participa de manera activa en los programas de capacitación y formación para catequistas que ofrece tu diócesis.
7. Antes de comenzar con la planificación de lecciones, analiza el calendario parroquial con el líder catequético. Los días santos, los días festivos especiales y las celebraciones tradicionales de la parroquia son una parte vital de la vida parroquial y deben relacionarse con la lección cuando sea oportuno.
8. Estudia minuciosamente el texto de los alumnos y la guía del catequista. Planifica las lecciones como una unidad (varias lecciones relacionadas que se imparten de manera secuencial durante varias semanas).
9. Sé un erudito: cuando la guía del catequista cite las Sagradas Escrituras, el *Catecismo de la Iglesia Católica* o un documento papal, lee el texto completo de la fuente principal (la mayoría de ellos están disponibles en línea). ¡Siempre es fascinante tener un contexto más amplio!
10. Y sobre todo, ten presente que Dios, que te ha llamado a este ministerio, te ama sin medida. Regocíjate en su amor.

Añade tus propias afirmaciones, todas las que puedan guiar tu "modo de proceder" como catequista:

Cultivar catequistas: cómo reclutar, alentar y conservar a catequistas exitosos — Capítulo 4

- Parece que los demás me consideran un ministro catequético evangelizador, alguien alegre, cordial y presente para las personas en su caminar en la fe.

- Doy ejemplo de un aprendizaje para toda la vida al participar de manera habitual en clases y talleres diocesanos, nacionales o en línea.
- Me considero un lector ávido de buena literatura católica y otros recursos.
- Me expongo constantemente al desafío de defender las verdaderas enseñanzas de la Iglesia, y busco maneras creativas e interesantes de ayudar a los alumnos y sus familias a relacionar la fe con la vida.
- Comprendo que el programa catequético es una parte integral de la vida parroquial.
- Estoy en contacto con otros líderes hispanos para conocer las tradiciones de distintos países, así como las costumbres, celebraciones y situación de los diversos grupos.
- Estoy dispuesto a aprender y aplicar las "mejores prácticas" que usan otros grupos y comunidades.

Tu buen ejemplo causará una impresión positiva en tus catequistas. También estarás mejor preparado para animarlos a completar sus requisitos de formación y guiarlos hacia las mejores prácticas.

Visita www.loyolapress.com/lce para acceder a la hoja de ejercicios.

Acción sugerida

Consulta en tu diócesis para aprender más sobre los recursos, requisitos y procesos para la formación y certificación de catequistas.

Comienza a nivel local, integrando la formación de los catequistas en cada reunión o encuentro que organices con ellos. Alienta a los catequistas a compartir ideas, recursos y enfoques creativos.

Recursos adicionales

En español

Más allá de la caja de herramientas del catequista. Joe Paprocki (Chicago: Loyola Press, 2013).

Catequesis creativa. Neusa Fernandes (Paulinas, 2012).

Pedagogía y metodología. Delegación Diocesana de Catequesis de Sevilla (PPC, 2013).

El lenguaje y los lenguajes de la catequesis. Equipo Europeo de Catequesis (PPC, 2014).

En inglés

The Catechism of the Catholic Church and the Craft of Catechesis [El Catecismo de la Iglesia Católica y el arte de la catequesis]. Pierre de Cointet, Barbara Morgan y Petroc Willey, PhD (San Francisco: Ignatius Press, 2008).

31 Days to Becoming a Better Religious Educator [31 días para ser un mejor educador religioso]. Jared Dees y Joe Paprocki (Notre Dame, IN: Ave Maria Press, 2013).

The Way God Teaches [Como enseña Dios]. Joseph D. White, PhD (Huntington, IN: Our Sunday Visitor, 2014).

5

Diversidad cultural: aprovechar la riqueza cultural de los catequistas

La riqueza de la realidad multicultural que vivimos en nuestras parroquias en todos los Estados Unidos es una bendición para la Iglesia católica. Nos brinda muchas oportunidades de explorar lo que significa aceptar el don de Dios de la diversidad, y de fortalecer y dinamizar la comunidad de fe mediante la celebración de las ricas herencias culturales de nuestros catequistas.

En su libro *Being Catholic: How We Believe, Practice and Think* [Ser católicos: cómo creemos, practicamos y pensamos], el Arzobispo Daniel E. Pilarczyk escribe:

> Se ha dicho que el catolicismo es tanto una cultura como una religión. En este sentido, "cultura" significa un modelo integrado de conocimiento, creencias y comportamientos que depende de la experiencia y del conocimiento que se transmiten de una generación a otra. Expresa las creencias y formas sociales habituales de un grupo religioso o social. Todos pertenecemos a una o más culturas: nacional, económica, étnica; culturas determinadas por la edad y culturas determinadas por la geografía. La cultura católica es un modelo de creencias y comportamiento que nos da nuestra identidad como hombres y mujeres católicos, y "practicar" nuestra fe católica significa expresar quiénes y qué somos como miembros de la "cultura católica" y, más importante aún, como miembros de la

Iglesia católica [v.d.t.]. (Cincinnati: St. Anthony Messenger Press, 2006, 89)

Diversidad étnica

Los Estados Unidos es un país de inmigrantes. Relatos de la historia de los Estados Unidos dan testimonio de los millones de personas de todo el mundo que han dejado su patria en busca de la oportunidad de comenzar una vida nueva en este país, y que continúan llegando hasta el día de hoy. Para los católicos, el rico panorama de la Iglesia en los Estados Unidos nunca deja de cambiar, ya que los inmigrantes constituyen una porción importante de nuestra población.

En su *Religious Landscape Study* [Estudio sobre el panorama religioso] de 2014, el Pew Research Center [Centro de Investigaciones Pew] señaló que los católicos tienen más probabilidades de ser inmigrantes o hijos de inmigrantes que de ser estadounidenses. Estos son los resultados.

- Más de un cuarto de los católicos adultos de los Estados Unidos (27%) nació fuera del país, frente al 15% de adultos en general de los Estados Unidos.
- La mayoría de estos inmigrantes católicos (22% de todos los católicos estadounidenses) proviene de otro lugar del continente americano.
- La población católica de los Estados Unidos en tiempos recientes ha crecido el 71% gracias a la presencia hispana.
- De entre los llamados "mileniales" católicos, el 54% son hispanos.
- El 68% de todos los hispanos (más de 50 millones en todo el país) son católicos.
- Desde 2014, un 15% adicional de estadounidenses católicos tiene al menos un padre o una madre que nació en el extranjero.
- Eso da como resultado que 57% de los católicos nacidos en los Estados Unidos es hijo de dos padres nacidos en este país. En

comparación, casi tres cuartos (74%) de los adultos estadounidenses totales nacieron en el país y son hijos de dos padres nacidos en los Estados Unidos.

La diversidad étnica de la Iglesia en los Estados Unidos es sin duda una bendición. También nos presenta el desafío real de fomentar una apertura a las expresiones auténticas y multiculturales de la fe católica. Este proceso se conoce como "inculturación", y comienza con las personas a quienes invitamos a servir como catequistas.

Inculturación: una introducción

Entonces, ¿qué significa exactamente inculturación? La Iglesia usa el término *inculturación* para describir el proceso misionero de "auscultar la cultura de los pueblos para detectar un eco de la Palabra de Dios" (*DNC*, #21C). Esto implicará la identificación de los valores auténticos del Evangelio en la cultura, como así también una invitación a la fe. Se trata de "un proceso que lleva al poder transformador del Evangelio a acariciar el corazón y las culturas de las personas en sus niveles más profundos" (*DNC*, #25F).

La gracia salvadora de Dios está presente y obrando en todas las culturas. Entonces, en lugar de intentar formar una "cultura común", reconocemos que existen puntos en común en todas las culturas para la verdad del Evangelio. Como podemos imaginar, este proceso lleva tiempo y se basa mucho en las relaciones. Requiere que seamos una presencia acogedora, una presencia que habla *con* los demás y no solo a los demás.

La experiencia parroquial

Cultura (la palabra raíz de *inculturación*) se define comúnmente como un grupo de personas que comparten valores y creencias comunes. Estos valores comunes pueden verse influenciados por nuestra herencia étnica, la generación en la que nacimos, la región en la que crecimos y mucho más. Debemos ofrecer a los catequistas algunas experiencias de formación con las que puedan identificarse y mediante las cuales se valoren sus contribuciones únicas.

¿Cómo podemos crear un ambiente acogedor para estos catequistas, un ambiente que propicie una expresión auténtica de su fe a la luz del Evangelio y que conduzca a una participación y un crecimiento más plenos? Jesús fue ejemplo de esta acción en su propio ministerio, en el que desarrolló relaciones, escuchó historias y reveló la obra salvadora de Dios en la vida de las personas a quienes encontraba. La narración de historias ricas en significado no solo tiene un valor informativo, sino que también nos permite descubrir los dones únicos de los demás y promover un ambiente familiar global de hermanos y hermanas en Cristo.

Un lugar llamado hogar

Como catequista, animo a otros a compartir sus historias de fe. En cada cultura y en cada persona, Dios llama y se revela de maneras singulares. He aquí una de esas historias.

Me crie en una zona rural de Puerto Rico. Mi madre murió cuando era muy pequeño, y fue algo muy difícil, pero tuve la fortuna de estar rodeado de adultos cariñosos que me apoyaron y me ayudaron a formarme en la fe católica. El mejor amigo de mi padre fue uno de ellos. Era un hombre bueno y amable; una influencia positiva. Todos nos pusimos muy contentos cuando fue ordenado sacerdote católico y asignado a la parroquia de mi vecindario. En sus visitas frecuentes a mi casa, continuó orientándome y guiándome. Me pidió que fuera monaguillo, y así nació mi amor por la misa y el servicio a Dios.

Después de graduarme de la universidad, me enlisté en el ejército de los Estados Unidos. Estaba recién casado con la mujer que amo, y juntos tomamos la decisión de abandonar nuestra isla natal y aventurarnos en el mundo. Aunque estaba orgulloso de prestar servicio, no fue una época fácil para mí. Sentía que "pertenecía y no pertenecía". Mi conducta exterior era la de un miembro del ejército altamente profesional. Interiormente, batallaba constantemente con los retos personales de estar lejos de mi gente, mi lengua natal y mi cultura. Como es de imaginar, mi amorosa esposa y yo nos aferramos el uno al otro en busca de apoyo.

Luego mi unidad fue enviada a prestar servicio en Corea del Sur, lo que me obligó a dejar a mi esposa y —ya para entonces— a mis tres hijas: una bebé y unas gemelitas muy pequeñas, en los Estados Unidos. En mi cultura, la familia es lo primero, y estar lejos de ellas me hacía sentir como si me hubieran desgarrado el corazón.

Por gracia de Dios, fui asignado a un comandante de compañía que percibió mi aflicción. Siendo él también católico practicante, me exhortó a que asistiera al Cursillo. Esta experiencia me cambió por completo. A través del Cursillo redescubrí el amor incondicional que Dios me tiene. Comprendí que la añoranza que sentía hacia mi esposa e hijas era una extensión de la añoranza que Dios siente hacia mí, aun con todas mis imperfecciones y tristezas. Las sinceras y bondadosas expresiones de apoyo de otros, especialmente las "cartas palanca", me ayudaron a sentir el amor de Dios de manera palpable, familiar y real. El Cursillo me ayudó a reducir la fractura cultural en mi corazón al recordarme nuestra conexión universal mediante el Bautismo.

Tras jubilarme del servicio activo, ingresé al programa de formación diaconal, fui ordenado diácono y ahora sirvo en una parroquia grande y dinámica. Aunque nuestra parroquia es bastante diversa, me doy cuenta de que la mayoría de las personas desconocen mi herencia puertorriqueña. Por eso, creo que es importante compartir mi cultura con el mundo, para ayudar a cambiar el *status quo* y brindar oportunidades de compartir y celebrar la diversidad cultural.

Ya sea dentro o fuera del salón de clases, involucrar a los demás a través de la narración de historias nos ayuda a reconocer y celebrar nuestra cultura y nuestras singulares historias de fe.

Para reflexionar y conversar: ¿Qué dones brinda esta persona a la Iglesia en los Estados Unidos? ¿Qué dones brindaría a la parroquia como catequista?

La historia de Tina

Al crecer fui criada como bautista del Sur. Como afroamericana que vivía en el sur, tenía contacto limitado con la fe católica porque, a decir verdad, no había muchos católicos donde yo vivía. Conocí a mi esposo, católico él, cuando ambos estábamos en la universidad. Después de ser novios durante un tiempo comenzamos a hablar de matrimonio y de formar una familia juntos. Estuve de acuerdo en que nuestros futuros hijos fueran criados en la fe católica porque comprendí lo importante que esto era para él. Durante un tiempo seguí siendo bautista y asistiendo a misa con mi esposo además de ir a los servicios en la iglesia bautista.

En nuestra iglesia bautista alabamos y glorificamos a Dios con cantos. ¡Y lo hacemos con mucho entusiasmo! Cuando empecé a asistir a la misa católica, todo me pareció muy silencioso y sombrío. No había aplausos ni coro de góspel. Recuerdo mirar a mi esposo y pensar que parecía una estatua mientras rezaba. Pero lo que me llegó al corazón al aprender más sobre la fe católica fue la Eucaristía. No era un "recordatorio" ni una "representación" de Jesús. *Es* el Cuerpo y la Sangre de Jesús. Eso fue lo que me impresionó por ser algo distinto: para mí tuvo sentido que Cristo pudiera estar en verdad presente en la Eucaristía. Y con el tiempo comencé a entender que Dios me estaba llamando para comenzar el proceso de convertirme en católica.

Mi experiencia del catecumenado fue muy interesante. Comencé con un grupo de veinticuatro personas y, al final, yo fui la única que completó el proceso. Supongo que podría haber sido una experiencia decepcionante para mí ser la última persona en pie, pero tuve un párroco y un coordinador de RICA excepcionales que me apoyaron, y naturalmente, ¡recibí mucha atención personalizada!

En ese entonces, mi esposo estaba en servicio activo en las fuerzas armadas. A cualquier lugar del mundo a donde su servicio nos llevaba, me servían de consuelo la constancia, la práctica universal de la misa católica, las lecturas en los tres ciclos litúrgicos, los tiempos de la Cuaresma y la Pascua, etcétera. Sin importar el país, el idioma o la cultura, sabía que podía integrarme y ser "alimentada" por Cristo en su Palabra y en la Eucaristía.

Pero no fue sino hasta que su ruta de servicio nos trajo de vuelta al sur que sentí que había cerrado el círculo. Mi familia y yo asistimos a misa en una parroquia católica que atendía principalmente a familias afroamericanas. Las liturgias incorporaban un estilo musical de góspel que era increíblemente bueno. Me sentí validada: podía cantar alabanzas a Dios de una manera que me llegaba al corazón *y* podía recibir la Eucaristía. Para mí era el equilibrio perfecto.

Mi esposo y yo hemos criado a nuestra hermosa familia, nos hemos jubilado de las fuerzas armadas y nos hemos establecido en un lugar al que llamaremos hogar por muchos años. Amo a nuestra nueva parroquia. Nuestros sacerdotes son maravillosos. Somos bien recibidos por los demás feligreses. La gente se siente genuinamente feliz de vernos. Preguntan sobre nuestros hijos. Nos invitan personalmente a participar en celebraciones y otros eventos de la parroquia. Somos una comunidad diversa, pero unida, y hasta hay un coro dinámico que nos inspira a alzar nuestra voz en alabanza a Dios.

Y sin embargo en este entorno diverso, mi esposo y yo somos los únicos feligreses afroamericanos (¡estamos trabajando en eso!), y me doy cuenta de que aún puede ser fácil para las personas crear estereotipos y suponer cosas sobre nosotros. Por lo tanto, es importante tener sentido del humor y mucha paciencia mientras nos conocemos y nos entendemos con los demás. Por ejemplo, yo les digo a las personas que no supongan que puedo cantar o que estaré en el coro. Dios me dio talentos, ¡pero cantar no es uno de ellos!

La belleza de todo esto es que a medida que nos conocen mejor, nosotros los conocemos mejor a ellos. Rompemos con los estereotipos y suposiciones de ambos lados al mismo tiempo que descubrimos puntos en común. Mi fe católica se ha profundizado gracias a esta comunidad, y realmente nos sentimos bendecidos.

Para reflexionar y conversar: ¿Qué dones aporta Tina a la Iglesia? ¿Qué dones aportaría a la parroquia como catequista?

Catherine, la perspectiva de una joven adulta

Diría que el lema de nuestra cultura como jóvenes adultos es “Haz lo que amas y ama lo que haces”. Es el mensaje con el que crecimos, y se nos dio con expectativas desmesuradas. La mayoría de estas expectativas comenzaron en la niñez: obtén altas calificaciones en la escuela primaria y secundaria, ingresa en una buena universidad (con becas), lucha por conseguir un trabajo lucrativo y relacionado con tu carrera universitaria, etcétera. Se espera que corramos grandes riesgos para cumplir grandes sueños. Para muchos de nosotros significa mantener una serie de trabajos simultáneamente, siempre dispuestos, en un instante, a perseguir una mejor alternativa, porque nos creemos dueños de nuestro propio destino. Supongo que podrías decir que nos impulsa el hambre de “hacer lo que amamos y amar lo que hacemos”. Pero parece que siempre tenemos hambre.

Por supuesto, no somos dueños de nuestro propio destino y no hay éxito mundano que pueda saciar nuestra hambre porque lo que tenemos realmente es hambre de Dios. Dios me da el pan de vida cuando voy a la misa, rezo y ayudo a los demás. Dios sacia mi hambre cuando acepto que no soy la dueña de mi propio destino y que no puedo hacer todo yo sola. Mi nuevo lema está inspirado en nuestra Santísima Madre: Amen a Dios y “hagan lo que él les diga” (Juan 2:5).

Para reflexionar y conversar: ¿Qué dones aporta Catherine, quien se identifica con la cultura de los jóvenes adultos, a la Iglesia en los Estados Unidos? ¿Qué dones aportaría a la parroquia como catequista?

Cada una de estas historias nos permite entender las palabras de san Juan Pablo II: “La Iglesia encarna el Evangelio en las diversas culturas y, al mismo tiempo, introduce a los pueblos con sus culturas en su misma comunidad; trasmite a las mismas sus propios valores, asumiendo lo que hay de bueno en ellas y renovándolas desde dentro" (*Guía para los catequistas*, 1993).

Generar competencia intercultural

¿Cómo podemos aprender a manejar el proceso de inculturación de manera sistemática? La USCCB ofrece cinco principios de aprendizaje para guiarnos.

1. Enmarcar las cuestiones de la diversidad en términos de la identidad de la Iglesia y su misión de evangelizar. La inculturación no es corrección política, es una expresión del Cuerpo de Cristo.
2. Buscar entender la cultura y cómo funciona. Las culturas tienen ideas, actitudes, creencias, valores, idiomas, reglas, tradiciones y maneras de celebrar, comer y vestirse. La competencia intercultural comienza comunicándonos, relacionándonos y trascendiendo los límites culturales.
3. Desarrollar habilidades de comunicación intercultural en contextos pastorales. Necesitamos aprender ciertas habilidades para ejercer un ministerio más eficaz en situaciones con grupos de diferentes culturas, tomando en cuenta cosas como el lenguaje corporal, el silencio, la proximidad, el contacto, las expresiones de emoción, etcétera.
4. Ampliar el conocimiento de los obstáculos que impiden cultivar relaciones interculturales efectivas. Necesitamos ser honestos sobre la realidad del racismo, la insensibilidad racial, los prejuicios y los estereotipos, además de los temores subyacentes, la ignorancia y la culpa que los acompañan.
5. Fomentar la integración eclesial en lugar de la asimilación en los contextos de la Iglesia, con una espiritualidad de reconciliación y

> de misión. Nuestra diversidad como Iglesia no es un problema que debamos superar, sino un don que celebrar y una expresión de nuestra comunión. http://www.usccb.org/issues-and-action/cultural-diversity/intercultural-competencies/intercultural-competencies-training-of-trainers-program.cfm.

Si tú, como líder catequético, pones atención a estos principios de inculturación, sobre todo cuando necesitas reclutar catequistas, estas consideraciones los ayudarán a ti y a tu parroquia a:

- aprovechar la vitalidad de los nuevos grupos emergentes,
- incorporar los dones de otras culturas y promover el proceso de dar y recibir en el Pueblo de Dios, y
- establecer una base de aceptación y confianza mutuas entre las diferentes comunidades de la parroquia [v.d.t.].

(*Building Intercultural Competence for Ministers* [La construcción de competencias interculturales de los ministros], USCCB)

En su página web, la USCCB ofrece módulos sobre la construcción de competencias interculturales de los ministros (ver *Building Intercultural Competence for Ministers* en www.usccb.org).

Aplicaciones prácticas

En el libro 6 de esta serie, exploraremos en mayor profundidad la inculturación en términos de quienes reciben la catequesis. Para los fines de este libro, con nuestro enfoque en la vocación del catequista, es importante comenzar nuestros esfuerzos de inculturación formando un equipo de catequistas que refleje fielmente la diversidad de las personas a quienes servimos.

En tus encuentros con los catequistas, invítalos a compartir sus historias y a expresar cómo han llegado a conocer a Dios a través de su propia cultura. Las historias ofrecen un punto de partida familiar para la evangelización y la catequesis. He aquí algunas ideas que puedes usar para iniciar la narración de estas historias.

- Reflexiona sobre tu historia de fe. ¿Quién te influenció y por qué?
- ¿Cuáles de las oraciones/tradiciones/rituales de la fe católica más comunes de tu cultura atesoras? ¿Por qué son importantes para ti?
- ¿Qué celebraciones culturales o expresiones artísticas (música, danza, arte) te inspiran en tu camino de fe?

Las diversas expresiones culturales son un don para la comunidad parroquial. Recibe estos dones, pero asegúrate de que haya planes para integrar elementos de una cultura en colaboración con los "nativos culturales". No supongas que comprendes el uso adecuado de una oración, canto o ritual. Si tienes dudas, simplemente pide a personas de ese origen étnico o cultural específico que compartan su comprensión de la propia tradición.

Resumen: "¿Cómo es que cada uno los oímos en nuestra lengua nativa?"

Se llenaron todos de Espíritu Santo y empezaron a hablar en lenguas extranjeras, según el Espíritu les permitía expresarse. Residían entonces en Jerusalén judíos piadosos, venidos de todos los países del mundo. Al oírse el ruido, se reunió una multitud, y estaban asombrados porque cada uno oía a los apóstoles hablando en su propio idioma. Fuera de sí por el asombro, comentaban: "¿Acaso los que hablan no son todos galileos? ¿Cómo es que cada uno los oímos en nuestra lengua nativa?". (Hch 2:4–8)

En el capítulo 2 de los Hechos de los Apóstoles, vemos cómo el Espíritu Santo hizo posible que los discípulos predicaran el Evangelio a personas de todas las naciones. Dios acogió las diferentes culturas. ¡Qué milagro tan extraordinario! Igual que el día de Pentecostés, hoy el Espíritu te permitirá trascender los límites culturales y llegar a los demás.

La catequesis es una actividad evangelizadora polifacética de la Iglesia, que se fortalece al resaltar la maravillosa diversidad del Cuerpo de Cristo. Para fomentar las vocaciones al ministerio de la catequesis es necesario ser conscientes de la diversidad étnica y cultural de nuestra comunidad. Como líder catequético, eres llamado a celebrar la diversidad cultural de tus catequistas, promover la inculturación del mensaje del Evangelio y fomentar las vocaciones al ministerio de la catequesis aprovechando los dones étnicos y culturales particulares de tu comunidad parroquial.

Madurar como líder catequético

Nuestra Iglesia es *católica*, lo que significa que es universal, que reúne a todos los pueblos sin excepción. Como católicos, somos llamados a la unidad, no la uniformidad. Dedica tiempo a reflexionar sobre cómo has vivido y cómo te ha enriquecido la diversidad de la Iglesia. ¿Cómo te acercas a todas las personas sin excepción? ¿Qué significa para ti esforzarte por lograr la unidad y no la uniformidad?

El líder catequético eficaz

CONFERENCIA NACIONAL LIDERAZGO CATEQUÉTICO
LOYOLAPRESS.

Más que una celebración Guadalupana o un servicio en honor al doctor King

La inculturación significa mucho más que mostrar un gesto de aprobación ocasional frente a un grupo étnico en particular. Más bien, es el esfuerzo constante por garantizar que la Palabra de Dios se esté "encarnando" en la vida de todos los que participan en la formación de la fe, en lo referente no solo a su grupo étnico sino también a su estatus socioeconómico, edad, género, profesión, etcétera. Dedica unos momentos a identificar los diferentes grupos que integran tu público destinatario de la formación de la fe. Luego identifica sus características, dones, necesidades y desafíos particulares, y también algunas ideas sober cómo adaptar el Evangelio a su cultura de manera eficaz.

Público destinatario de la formación de la fe	Características, dones, necesidades y desafíos particulares	Estrategias para una inculturación eficaz con este grupo

Cultivar catequistas: cómo reclutar, alentar y conservar a catequistas exitosos — Capítulo 5

Visita www.loyolapress.com/lce para acceder a la hoja de ejercicios.

Acción sugerida

Para la mayoría de los cristianos, la manera en que oramos y rendimos culto es muy personal y se ve muy influenciada por nuestra cultura.

En particular, la música que usamos para la adoración a menudo está íntimamente relacionada con nuestra etnia. Comienza a recopilar una lista de himnos de diferentes orígenes étnicos y culturales para usarla cuando te reúnas con los catequistas para rezar y rendir culto.

Recursos adicionales

En español

El lenguaje y los lenguajes en la catequesis. Equipo Europeo de Catequesis (PPC, 2014).

En inglés

Best Practices for Shared Parishes: So That All May Be One [Mejores prácticas para parroquias compartidas: que todos sean uno] (USCCB, 2014).

Building Intercultural Competence for Ministers [La construcción de competencias interculturales de los ministros] (USCCB, 2012).

Leading a Healthy Multi-Ethnic Church: Seven Common Challenges and How to Overcome Them [Dirigir una Iglesia multiétnica: siete desafíos habituales y cómo superarlos]. Mark DeYmaz y Harry Li (Grand Rapids, MI: Zondervan, 2012).

One Church, Many Cultures: The Good News of Cultural Diversity [Una Iglesia, muchas culturas: La Buena Nueva de la diversidad cultural] (USCCB, circular electrónica, otoño/invierno 2016).

6

Cuidado y alimentación: la formación continua de los catequistas

Como ya hemos dicho, la Iglesia debe ofrecer a los catequistas una formación de calidad para ayudarlos a convertirse en catequistas completos. Dicha formación está diseñada para ayudarlos a crecer en su propia relación con el Señor, en el conocimiento de la fe católica y en las metodologías y técnicas para propiciar la participación eficaz de personas en experiencias catequéticas que lleven no solo a la transmisión de información, sino también a un encuentro con Cristo que conduzca a la transformación.

Ofrecer lo esencial

Dicho esto, la verdad es que ¡puede resultar muy complicado convencer a los catequistas de la importancia de la formación continua de la fe! Además de ser personas muy ocupadas, que difícilmente encuentran tiempo para asistir o participar en la formación continua, los catequistas también tienen sus propias nociones preconcebidas acerca del valor de la formación continua. He aquí tres ejemplos:

Catequista 1: No siento que necesite asistir a ninguna de las clases de formación continua sobre metodología de la enseñanza. Tengo un título en estudios religiosos y sé más que cualquiera de los otros catequistas. Sé que no voy a aprender nada nuevo, y creo que solo será una pérdida de tiempo. Mis alumnos pueden recitar sus oraciones y han memorizado diversos pasajes de la Biblia y del *Catecismo*, lo que les servirá de por vida. Es tanta la información que deben asimilar que no tenemos tiempo para actividades prácticas.

Catequista 2: He estado asistiendo a clases de formación continua pero siento que son demasiado rígidas. Pienso que todo lo que necesito hacer es enseñar a mis alumnos cómo orar, leer las Sagradas Escrituras juntos y compartir historias de fe. Sé que les resulta difícil identificarse con el *Catecismo de la Iglesia Católica* y otras doctrinas formales de la Iglesia. Simplemente quiero que se sientan bien por ser católicos y que conozcan la alegría del Evangelio.

Catequista 3: Me pregunto si nuestras clases de formación continua podrían incluir ideas para llegar a las personas. Pienso que los alumnos necesitan dedicar menos tiempo a aprender sobre la Iglesia y más tiempo a hacer Iglesia. Debemos ir más allá de la parroquia y salir a la comunidad para evangelizar.

¿Puedes ver el patrón? Estos catequistas expresan una tendencia hacia determinadas prioridades: catequista 1: conocimiento de la fe; catequista 2: cómo siente la fe una persona en su ser; catequista 3: qué debe *hacer* una persona según lo que cree. Los modelos pedagógicos contemporáneos describen el aprendizaje en tres campos: cognitivo, afectivo y conductual. En resumen, describen un enfoque integral para una educación de calidad.

- Cognitivo: capacidades/conocimiento mental
- Afectivo: actitudes, motivaciones, valores
- Conductual: capacidades físicas o manuales

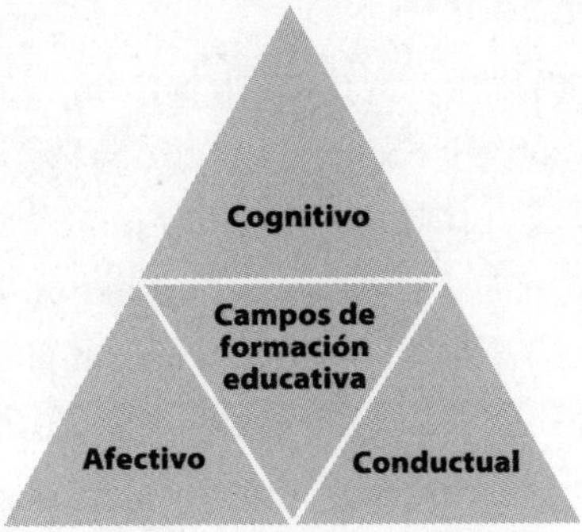

Estos campos se aplican a programas educativos tanto para niños como para adultos. Por lo general, al escuchar cómo los catequistas expresan sus preferencias personales de aprendizaje, podemos obtener información sobre sus preferencias y prioridades de enseñanza. El catequista 1 se enfocó en el campo cognitivo; el catequista 2, en el afectivo y el catequista 3, en el conductual. Cada uno mantuvo un punto de vista limitado respecto de lo necesario para la experiencia catequética del alumno.

La verdad es que cada uno posee solo una pieza de todo el rompecabezas que constituye un enfoque integral para la formación de la fe. En el *Directorio General para la Catequesis* (#238), los obispos de la Iglesia nos dicen que la formación, sobre todo la de los catequistas, debe ser tridimensional y debe cubrir las áreas del "ser, saber y saber hacer".

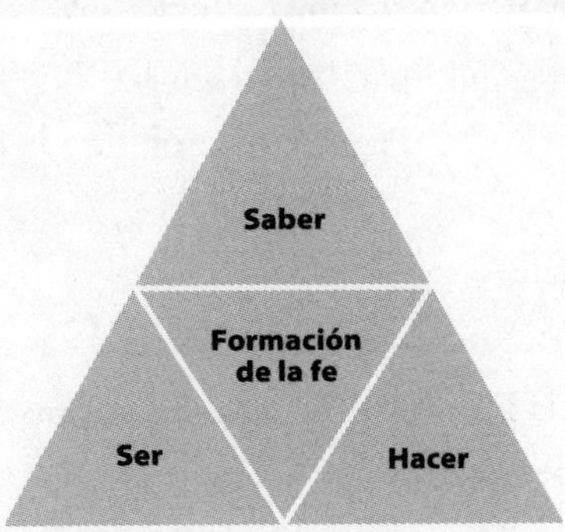

Ser, saber y hacer

Es cierto que la formación continua en la fe implica profundizar nuestro conocimiento sobre las Sagradas Escrituras y la Sagrada Tradición de la Iglesia católica. Este conocimiento, junto con la conciencia de uno mismo, las creencias y los valores cristianos, influye en nuestros actos. Pero eso no es todo. El objetivo no es simplemente convertirnos en mejores catequistas, sino en mejores personas: *ser* en Cristo, *saber* sobre Cristo de una manera más íntima y *hacer* como hizo Cristo; ¡ser un santo!

Cuando brindes formación continua a tus catequistas, es esencial que les ofrezcas el rompecabezas completo con las tres piezas. A continuación se describen algunas de las maneras de lograrlo:

- **Ser:** una formación que ayude a los catequistas a descubrir su vocación y a madurar como personas, creyentes y apóstoles. La formación en esta área se realiza en la forma de retiros, días, mañanas, tardes o noches de reflexión, acompañamiento/orientación espiritual, grupos de oración, y recursos y oportunidades para enriquecer la vida de oración y la espiritualidad de los catequistas. Los temas para tratar pueden ser, aunque no se limitan a:
    - oración personal
    - métodos de oración (Examen Diario, *lectio divina*, oración para centrarse, Liturgia de las Horas, contemplación, etcétera)
    - devociones (Rosario, novenas, coronilla a la Divina Misericordia, Via Crucis, etcétera)
    - espiritualidad
    - devoción a la Santísima Virgen María y a los santos
    - devoción a la Eucaristía (liturgia, adoración del Santísimo Sacramento, etcétera)

- **Saber:** una formación que ayude a los catequistas a acoger su fe adquiriendo suficiente conocimiento de la fe que son llamados a proclamar. La formación en esta área se realiza a través de talleres, seminarios, institutos, conferencias y recursos diseñados para profundizar el conocimiento de los catequistas sobre la fe católica. Los temas para tratar pueden ser, aunque no se limitan a:
    - la Santísima Trinidad
    - la cristología
    - la Iglesia (eclesiología, historia, María y los santos)
    - la enseñanza social católica
    - los sacramentos y la liturgia
    - la moralidad y la formación de la conciencia
    - la oración y el culto
    - las Sagradas Escrituras
    - la evangelización
- **Hacer:** una formación que ayude a los catequistas a transmitir de manera más eficaz el mensaje del Evangelio y a los alumnos a participar de manera creativa. La formación en esta área se realiza a través de talleres, seminarios, institutos, conferencias y recursos diseñados para ampliar y dar forma a las habilidades y técnicas de los catequistas en diversas metodologías catequéticas. Los temas para tratar pueden ser, aunque no se limitan a:
    - planificación de las lecciones
    - metodologías y actividades de aprendizaje
    - estilos de aprendizaje
    - preparación del entorno de aprendizaje
    - manejo de la disciplina
    - guía para la oración
    - uso de recursos catequéticos y tecnología
    - diseño de evaluaciones

La Eucaristía como centro

Un aspecto esencial de la formación continua se encuentra en la riqueza de la vida sacramental católica. En el siglo V, san Agustín describió un sacramento como un "signo externo y visible de una gracia interior e invisible" [v.d.t.]. Es por medio de los sacramentos que podemos recordar a los catequistas las maravillosas maneras en las que la gracia de Dios obra en nuestra vida y en la Iglesia. Estos incluyen:

- La participación habitual en la vida sacramental de la Iglesia, sobre todo en la Eucaristía.
- La atención a la oración personal y las celebraciones litúrgicas.
- Los recursos y oportunidades de formación en línea, como los "3 minutos de retiro" y la "Conexión dominical" de Loyola Press o recursos disponibles de Creighton University's Online Ministries [Ministerios digitales de la Universidad Creighton].

Al ofrecer a los catequistas oportunidades de compartir sus historias de vida sacramental entramos a un territorio familiar, en especial cuando nos concentramos en los sacramentos de la Iniciación. Los catequistas se involucran de modo personal en la preparación de los niños para el Bautismo, la Confirmación y la Eucaristía, y profundizan constantemente su propia relación con Cristo por medio de estos sacramentos. Su amor por los sacramentos puede ofrecer experiencias significativas de formación continua.

La Eucaristía es la fuente y culmen de la vida espiritual del catequista y de todos los católicos. Los catequistas son llamados a tener una profunda devoción por la Eucaristía, el sacramento que nos alimenta y nos recuerda que es Cristo quien nos fortalece y nos impulsa en nuestro ministerio catequético a pesar de no ser dignos. En lo que respecta a los católicos, a Jesucristo se lo encuentra de muchas maneras, pero ninguna tan poderosa como la Eucaristía. En lo que respecta a los catequistas, este encuentro con Cristo en la Eucaristía les permite, a su vez, invitar a quienes reciben su enseñanza a tener un encuentro con el Señor de esta manera íntima. Como líder catequético, no hay mayor apoyo que puedas ofrecer a tus catequistas que fomentar la devoción por la Eucaristía y cultivar el hambre por Jesús en la Eucaristía. Esto puede lograrse, por supuesto, brindándoles oportunidades de recibir a Cristo en la Eucaristía durante la misa y también mediante la adoración del Santísimo Sacramento, práctica que puede realizarse antes o después de una reunión o sesión de catequistas.

Para reflexionar y conversar: De los tres campos de aprendizaje —cognitivo, afectivo, conductual—, ¿tus catequistas se inclinan por alguno en particular? ¿Cómo podrían lograr un mayor equilibrio entre los tres?

La historia de una catequista

Mi padre es un jardinero excepcional con un talento especial para cultivar árboles frutales. Primero, decide qué, cuándo y dónde plantarlos. Luego prepara la tierra, siembra las plántulas, las alimenta con cuidado y las protege de las plagas. Más tarde, los árboles dan frutas deliciosas y saludables.

Cuando era adolescente, recuerdo que lo miraba mientras podaba uno de los árboles frutales y le pregunté: "Papá, ¿tú hablas con tus árboles?".

"Sí, hablo con ellos", me respondió.

"¿Qué les dices?".

Con una sonrisa respondió:

"Les digo: 'Si no das buena fruta, ¡te voy a talar!'".

Ese día, gracias al ingenio y la sabiduría de mi padre, de repente entendí la relación entre los dones y frutos del Espíritu Santo. Recibimos los siete dones del Espíritu Santo en el Bautismo y los fortalecemos en la Confirmación. Al usar estos dones para los propósitos de Dios nuestra vida da frutos.

Esta historia resalta la conexión de la catequista con los dones y frutos del Espíritu Santo. Nos habla de las maneras en que integran su transformación interior como cristiana y de la inspiración continua de parecerse más a Cristo. En efecto, todos los catequistas necesitan y merecen oportunidades de formación continua de la fe que los ayuden a crecer en Cristo.

Consideraciones del programa

Se necesita meditar mucho y con mucha antelación sobre cómo se van a planificar las experiencias de formación de la fe de alta calidad con opciones flexibles.

Comienza por crear un equipo para evaluar las necesidades de tus catequistas y el desarrollo de objetivos para el programa a corto y a largo plazo. La parroquia, la escuela parroquial, el vicariato y/o la diócesis ofrecen diversas oportunidades para la formación continua, desde misiones de Adviento o Cuaresma hasta conferencias de formación de la fe. Anima a tus catequistas a asistir a estas experiencias de aprendizaje y acompáñalos siempre que sea posible.

Si bien es aconsejable que la formación de la fe se realice de manera personal, esta modalidad no siempre resulta práctica. Si a uno o dos catequistas se les dificulta reunirse en persona, considera la opción de incluirlos por medio de la tecnología a través de seminarios web transmitidos desde un dispositivo móvil o de presentaciones grabadas en audio o video.

Por último, comunícate con tus catequistas y dales el tiempo suficiente para planificar. Sé consecuente con los días y horarios de los encuentros, y publica un calendario de la formación continua actualizado de manera regular.

Resumen: "Separados de mí no pueden hacer nada"

"Yo soy la vid, ustedes los sarmientos: quien permanece en mí y yo en él dará mucho fruto; porque separados de mí no pueden hacer nada".
(Jn 15:5)

¡Los catequistas deben estar conectados a la Vid! Es habitual escuchar esta frase entre quienes participan en el ministerio catequético: "no puedes dar lo que no tienes". Para los catequistas, eso a lo que hemos sido llamados a dar es una relación con Jesucristo. Para poder dar este don a los demás, nosotros mismos debemos tener una relación con el Señor.

Como líder catequético, una de tus responsabilidades principales es mantener a tus catequistas conectados a la Vid por medio de la formación continua. La formación no es una tarea por completar: es una forma de vida que ubica el encuentro con Jesús en primer plano. Cuando busques ofrecer formación continua a tus catequistas, debes asegurarte de brindar una variedad de opciones y preparación que haga hincapié en los tres aspectos: ser, saber y hacer.

Madurar como líder catequético

Al considerar las tres dimensiones de formación —ser, saber y hacer— con respecto a tu posición como líder catequético, ¿en qué área sientes que estás más preparado o menos preparado? ¿Qué harás para llevar las cosas al siguiente paso?

Visita www.loyolapress.com/lce para acceder a la hoja de ejercicios.

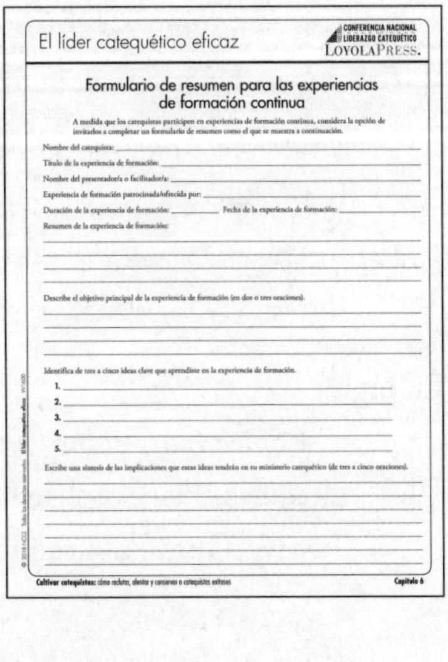
El líder catequético eficaz

CONFERENCIA NACIONAL LIDERAZGO CATEQUÉTICO
LOYOLAPRESS.

Formulario de resumen para las experiencias de formación continua

A medida que los catequistas participen en experiencias de formación continua, considera la opción de invitarlos a completar un formulario de resumen como el que se muestra a continuación.

Nombre del catequista: ____

Título de la experiencia de formación: ____

Nombre del presentador/a o facilitador/a: ____

Experiencia de formación patrocinada/ofrecida por: ____

Duración de la experiencia de formación: ____ Fecha de la experiencia de formación: ____

Resumen de la experiencia de formación:

Describe el objetivo principal de la experiencia de formación (en dos o tres oraciones).

Identifica de tres a cinco ideas clave que aprendiste en la experiencia de formación.

1. ____
2. ____
3. ____
4. ____
5. ____

Escribe una síntesis de las implicaciones que estas ideas tendrán en tu ministerio catequético (de tres a cinco oraciones).

Cultivar catequistas: cómo reclutar, alentar y conservar a catequistas exitosos **Capítulo 6**

Acción sugerida

Tal como se mencionó anteriormente, crear un calendario de formación que abarque los próximos doce o dieciocho meses es una buena práctica. Crea una tabla con tres categorías en la parte superior de la página: Ser, Saber y Hacer, y de doce a dieciocho categorías hacia abajo, del lado izquierdo, para los meses en que planeas ofrecer formación. Trabaja con tus catequistas para crear un plan razonable y práctico, pero completo.

Recursos adicionales

En español

Ser: *La mochila del catequista*. Joe Paprocki y Julianne Stanz (Chicago: Loyola Press, 2016).

Saber: *Una fe bien construida*. Joe Paprocki y Doug Hall (Chicago: Loyola Press, 2008).

Hacer: *Más allá de la caja de herramientas del catequista*. Joe Paprocki (Chicago: Loyola Press, 2013); *La caja de herramientas del catequista*. Joe Paprocki y Doug Hall (Chicago: Loyola Press, 2009).

Reavivar la catequesis. Fabrizio Carletti (Paulinas, 2012).

La catequesis del camino. Luc Aerens (Sal Terrae, 2007).

Catequistas para una catequesis nueva. Emilio Alberich Sotomayor (CCS, 2012).

Catequistas en formación. Luis Álvarez, Jesús Miguel y Martín Ortega (PPC, 2005).

En inglés

Ser: *The Spirituality of the Catechist* [La espiritualidad del catequista]. Janet Schaeffler, OP (New London, CT: Twenty-Third Publications, 2014).

Saber: *Love Unveiled* [Amor revelado]. Edward Sri (San Francisco: Ignatius Press, 2015); *This Is Our Faith* [Esta es nuestra fe]. Michael Pennock (Notre Dame, IN: Ave Maria Press, 1998).

Hacer: *Catechist 101* [Catequista 101]. Carole M. Eipers (New London, CT: Twenty-Third Publications, 2014); *Here's How: A Catechist's Guide* [Así es como se hace: una guía del catequista]. Lee Danesco (New London, CT: Twenty-Third Publications, 2014); *31 Days to Becoming a Better Religious Educator* [31 días para ser un mejor educador religioso]. Jared Dees y Joe Paprocki (Notre Dame: Ave Maria Press, 2013).

7

Hacerlo "al pie de la letra": supervisión, evaluación y registro

Servir en el ministerio catequético es un llamado espiritual. Sin embargo, también existen aspectos muy prácticos del ministerio sobre los que los líderes deben aprender. Necesitamos utilizar estrategias eficaces de supervisión, evaluación y llevar un registro de cada catequista. De esta manera, podremos mejorar la formación de nuestros catequistas y dejar registros útiles para que nuestros sucesores tengan un punto de partida.

Construir para el éxito

Situación 1

Era una hermosa mañana de domingo y las sesiones semanales de catequesis parroquial ya estaban en marcha. La hermana Janet, la líder catequética, comenzó su recorrido habitual por los salones de clases. A principio del mes había realizado un taller para ayudar a sus catequistas a planificar las lecciones para el tiempo de Cuaresma que se acercaba. Sin embargo, debido a un conflicto en la programación, uno de los catequistas, el señor Leonard, no pudo asistir. La hermana Janet compartió con él los objetivos de aprendizaje deseados por teléfono y le habló de los recursos que podía usar para ayudar a sus alumnos a lograr esos objetivos. Pese a las reiteradas solicitudes de la hermana Janet, él todavía no había entregado sus planes de estudio. Cada vez que preguntaba por ellos, le aseguraba que se los entregaría pronto.

El primer domingo de Cuaresma, la hermana Janet entró en el salón de quinto grado del señor Leonard. Observó con agrado que los alumnos estaban muy concentrados en una actividad. Al mirar más de cerca, se dio cuenta de que todos estaban pintando diseños sobre pequeñas piedras lisas. Si bien no podía entender el propósito de la actividad, no quería corregir al señor Leonard en medio de la clase. Esperaba con afán comprender cómo había integrado esta actividad con el fin de ayudar a preparar a los niños para el sacramento de la Reconciliación, que era el objetivo de aprendizaje para esta lección en particular durante el tiempo de Cuaresma.

Cuando los niños salieron, la hermana Janet se acercó al señor Leonard.

"Observé que sus alumnos estaban muy concentrados en una actividad hoy. ¿Por qué estaban decorando piedras?", le preguntó.

El señor Leonard respondió con entusiasmo: "Porque pensé que podía ser divertido".

"¿Cuál era el objetivo de la lección?", preguntó la hermana Janet.

"Que se divirtieran para que disfrutaran de venir a clase cada semana".

"Me alegra que disfrutaran la actividad. ¿Cómo ayudó a preparar a los alumnos para la confesión?".

"Eh. . ., eh. . ., eh. . ., eh. . .".

Situación 2

El día posterior al taller de planificación de lecciones, la hermana Janet recibió la llamada de una catequista, la señora Fujimoto.

"Hermana Janet, durante nuestras reuniones de catequistas habíamos hablado de la importancia de la participación de los padres. El tiempo de Cuaresma ya está por comenzar, así que la estoy llamando para pedirle permiso para invitar a varios padres a que me ayuden en el salón de clases durante el tiempo de Cuaresma".

El primer domingo de Cuaresma, la hermana Janet entró en el salón de tercer grado de la señora Fujimoto. Los niños estaban divididos en varios grupos pequeños. En cada grupo, un padre voluntario estaba leyendo una lectura bíblica de una Biblia para niños y dirigiendo el diálogo. Más adelante, en la lección, los niños se reunieron en un solo grupo y aprendieron una canción de Cuaresma y algunos gestos sagrados.

Cuando los niños salieron, la hermana Janet se acercó a la señora Fujimoto.

"Observé que sus alumnos estaban muy concentrados en su lección hoy, y que también participaron varios padres. ¿Cuál era el objetivo de la lección?".

"Durante nuestro taller sobre planificación de las lecciones hablamos de los principales objetivos de aprendizaje de los alumnos durante la Cuaresma. La lección de hoy se centró en ayudar a los alumnos a conocer y amar aún más a Dios preparándolos para la lectura del Evangelio que escucharán durante la misa. Y al involucrar directamente a los padres en grupos de lectura y discusión, ellos aprenden a conversar y a dialogar sobre el mensaje del Evangelio, y hasta cantarlo con sus propios hijos. ¡Todos salen ganando!".

Supervisión es acompañamiento responsable

Cuando oímos el término *supervisión* es fácil formarse la imagen de un vigilante de patio de juegos de jardín infantil cuya responsabilidad es custodiar a los niños como un halcón. El caso es que nuestros catequistas no son niños. ¡Son nuestros hermanos y hermanas en Cristo y colaboradores en nuestro ministerio compartido! Por lo tanto, el objetivo de la supervisión no es el de controlarlo todo hasta el último detalle, sino el de escuchar a los catequistas, comunicarse con ellos y motivarlos para que alcancen el éxito. En tu función como líder catequético, como coordinador, la supervisión es una de las formas más efectivas de asegurarte de que se está llevando a cabo una catequesis sólida, al mismo tiempo que contribuyes con el crecimiento y desarrollo continuos de tus catequistas.

Si bien cada uno posee su propio estilo, considera las siguientes reglas o principios básicos para la supervisión de catequistas:

- **Los voluntarios son personal "no remunerado".** Ya sea que reciban un sueldo o no, cada ministro catequético tiene una función y una responsabilidad que contribuyen con la misión de la Iglesia y, por lo tanto, es apropiado que ese trabajo sea supervisado para asegurar la calidad.
- **Los catequistas son fundamentales para el éxito de tu programa de formación de la fe.** Son un valioso recurso humano por el que debemos estar agradecidos. En la medida en que la parroquia cuente con los medios, invierte en ellos brindándoles tu tiempo y los recursos adecuados para ayudarlos a tener éxito.
- **La supervisión conlleva construir relaciones.** Si bien no puedes complacer a todos, concentrarse en construir y forjar relaciones con los catequistas es de suma importancia. Lo último que querrás hacer es asignarles sus tareas y dejarlos solos.
- **Ámalos.** Sé un modelo del amor y la compasión de Dios. Interésate de manera personal en ellos. Siempre busca encontrar puntos en común.
- **Incluye supervisión informal y formal.** La supervisión informal consiste en visitas breves y no programadas, mientras que la supervisión formal es organizada e incluye la observación de una lección completa.
- Yogi Berra, el gran jugador de béisbol ya fallecido, una vez dijo: "Puedes observar mucho mirando", y tú puedes observar y mirar mucho mientras caminas por ahí. Muchos gerentes y supervisores practican el arte de "gestionar mientras dan la vuelta", lo que les da la oportunidad de primera mano de ver cómo van las cosas.

Cuando supervises a tus catequistas, es importante tener un sentido claro de los objetivos educativos y del programa, establecer un proceso de evaluación claro y consistente, y continuar con su capacitación y apoyo.

Para reflexionar y conversar: ¿Cómo describirías tu estilo y frecuencia de supervisión de los catequistas? ¿Cuáles son tus fortalezas y áreas por mejorar?

Objetivos educativos y del programa

Cualquiera que sea su nivel de experiencia como docentes, los catequistas agradecen la orientación en el desarrollo de objetivos educativos y la planificación de lecciones. Supervisa el proceso con tus catequistas para asegurarte de que sigan las directrices catequéticas establecidas. Trabajar juntos ayuda a mantener el contenido en conformidad con todo el programa y reafirma un sentido de propósito, colaboración y pertenencia.

La supervisión también implica establecer los objetivos para el programa y presentar un plan de acción para lograrlos. A continuación se proponen algunos ejemplos:

Objetivo: Los catequistas deben tener una comprensión básica de la enseñanza católica, las Sagradas Escrituras y la Tradición católica.
Plan de acción:

- Completar el programa de certificación de catequistas que ofrece la diócesis dentro del plazo de tiempo establecido.
- Participar en el retiro anual para catequistas.
- Asistir a misa con regularidad.

Objetivo: Los catequistas deben entablar relaciones honestas y solidarias con los niños y sus padres.

Plan de acción:

- Tratar a los alumnos con respeto en todo momento.
- Demostrar paciencia y compasión.
- Comunicarse con los padres con regularidad.

Objetivos:

- Los catequistas deben abordar las seis tareas de la catequesis (*DNC*, #20) cada año catequético.
- Los catequistas deben aplicar técnicas y estrategias de enseñanza eficaces.
- Los catequistas deben seguir las políticas y procedimientos que se detallan en el manual del catequista.

Plan de acción:

- Asistir a las sesiones de planificación de lecciones y métodos de enseñanza que ofrece la parroquia y/o la diócesis.
- Entregar los planes de las lecciones mes a mes.
- Conocer las seis tareas de la catequesis y abordar cada una de ellas durante el año catequético.
- Orientar las lecciones conforme a los objetivos de aprendizaje de los alumnos (desempeño).
- Usar evaluaciones y métodos de enseñanza creativos y acordes a cada edad.
- Llegar a tiempo y con la clase preparada.

Los objetivos claramente definidos y acordados, acompañados de un plan de acción, le dan a la supervisión un carácter positivo, ya que las expectativas son claras tanto para el catequista como para el líder catequético. Para ayudar a los catequistas a lograr sus objetivos, considera las siguientes opciones:

- Crea un calendario general para todo el año catequético. Anota todos los días de enseñanza regular y los días de enseñanza especial (para liturgias especiales, actividades del programa o de toda la parroquia, etcétera) y las festividades.
- Brinda acceso a talleres sobre planificación de lecciones, manejo de la clase y habilidades de comunicación.
- Ofrece recomendaciones sobre cómo animar las lecciones relacionando los objetivos de aprendizaje con la vida parroquial y la comunidad en general.

Recuerda que la función de los catequistas es entrar en el camino de la fe con los alumnos y sus familias para así caminar con ellos, enseñarles y ayudarlos a reconocer que Jesús está vivo y se encuentra entre nosotros. Por lo tanto, el objetivo final de la supervisión es asegurar que se propicie un ambiente de aprendizaje centrado en Cristo y que se lleve a cabo una catequesis de calidad centrada en Cristo.

El proceso de evaluación

Es importante hacer una distinción entre un formulario de evaluación y un proceso de evaluación. Todos conocemos los formularios de evaluación que están diseñados para brindar información; de hecho, más adelante en este capítulo se presenta un ejemplo. En contraste, el proceso de evaluación está diseñado para que resulte transformador. Piensa en el proceso de evaluación en términos de un trayecto de cuatro pasos: diagnosticar, hacer observaciones, evaluar, dar seguimiento.

Paso 1: Diagnosticar

Un diagnóstico es un proceso de recopilación de información para comprender en qué medida se están cumpliendo bien los objetivos. Recopilamos esta información a partir de múltiples fuentes, por ejemplo, escuchando los comentarios de los participantes y los padres, visitando los salones de clase de manera regular y hablando directamente con el catequista.

Paso 2: Hacer observaciones

¿A qué nos referimos con esto? Es básicamente dar información sobre nuestro desempeño para alcanzar un objetivo o un resultado. A veces es un proceso interno, en el que yo, y no otra persona, considero si he alcanzado un determinado objetivo. Por ejemplo, yo entreno para la carrera de diez kilómetros con el objetivo de sentirme más saludable en el proceso. O cuento una historia graciosa con el objetivo de hacer que la gente se ría y observo su reacción: si se ríen a carcajadas o se ríen con discreción.

También puedo recibir observaciones de manera externa y más directa:

- Un amigo me dice: "Cuando dedicaste tiempo a planificar una fiesta de cumpleaños para mí, me sentí conmovido".
- Mi párroco me dice: "Después de la presentación que diste sobre el sacramento de la Reconciliación, noté que este mes se presentaron más familias a confesarse".
- Mi líder catequético destaca: "Desde que asististe al taller de planificación de lecciones, has entregado regularmente los planes semanales de tus clases".

Observa que en todos los casos, las observaciones consistieron en una meta u objetivo deseado y una acción que produjo un efecto. Hacer observaciones no es lo mismo que dar un consejo o instrucciones, ni tampoco es una opinión o una evaluación.

Consideremos cómo la hermana Janet podría ofrecer observaciones a los catequistas, el señor Leonard y la señora Fujimoto.

> "Señor Leonard, para preparar a los alumnos para el sacramento de la Reconciliación durante la Cuaresma (*meta/objetivo*), usted les

pidió que pintaran piedras (*acción*). Pero ellos me dicen que no tuvieron tiempo de aprender el Acto de Contrición ni de hacer un examen de conciencia antes de ir a confesarse (*efecto*)”.

“Señora Fujimoto, para preparar a los alumnos para la liturgia durante la Cuaresma (*meta/objetivo*), usted eligió que los padres guiaran a los niños en la reflexión y el diálogo de las Sagradas Escrituras, y también los familiarizó con los himnos litúrgicos por medio de gestos sagrados (*acción*). Los alumnos dijeron que todas las actividades los ayudaron a ellos y a sus padres a sentirse más cerca de Jesús (*efecto*)”.

Esta observación no juzga el desempeño de los catequistas, ni tampoco aconseja o da instrucciones. Simplemente ofrece una exposición clara de cuál era la meta o el objetivo previsto, la acción en respuesta al objetivo y el efecto de esa acción. Por lo tanto, la observación sirve como base para la evaluación posterior del catequista y su desempeño.

Paso 3: Evaluar

Si bien es responsabilidad del líder catequético llevar a cabo una evaluación, es una buena práctica que el catequista tenga una función activa en el proceso. Esto puede lograrse pidiendo al catequista que complete una autoevaluación y consultándola con frecuencia durante la evaluación formal. Emplea objetivos y planes de acción para crear un proceso de autoevaluación para el catequista. Por ejemplo:

Objetivo: Los catequistas deben tener una comprensión básica de la enseñanza católica, las Sagradas Escrituras y la Tradición católica.

Contribución de los catequistas:

- Evolución del programa diocesano de certificación de catequistas
- Asistencia al retiro anual para catequistas
- Asistencia regular a la misa

Objetivo: Los catequistas deben tener relaciones honestas y solidarias con los niños y sus padres.

Contribución de los catequistas:

- Trato a los alumnos con respeto en todo momento.
- Demuestro paciencia y compasión cuando los alumnos se portan mal.
- Me comunico regularmente con los padres y tengo una buena relación con ellos.

Objetivos:

- Los catequistas deben abordar las seis tareas de la catequesis cada año escolar.
- Los catequistas deben aplicar técnicas y estrategias de enseñanza eficaces.
- Los catequistas deben seguir las políticas y procedimientos que se detallan en el manual.

Contribución de los catequistas:

- Asisto a las sesiones de planificación de lecciones y métodos de enseñanza que ofrece la parroquia y/o la diócesis.
- Entrego los planes de las lecciones mes a mes.
- Oriento las lecciones conforme a los objetivos de aprendizaje de los alumnos (desempeño).
- Abordo las seis tareas de la catequesis durante el año catequético.
- Uso evaluaciones y métodos de enseñanza creativos y acordes a cada edad.
- Llego a tiempo y con la clase preparada.

Puesto que estimamos y apreciamos a nuestros catequistas, queremos que se sientan valorados y seguros. Una evaluación formal es agradable cuando los catequistas tienen un progreso constante o están logrando sus objetivos. Sin embargo, hablar de manera directa y honesta sobre las áreas que necesitan mejorar puede ser un desafío. Aquí hay algunas indicaciones sobre qué hacer y qué no hacer durante una evaluación formal.

- Entrega a tu párroco un resumen de las evaluaciones, incluyendo los objetivos que se están logrando, las áreas importantes que necesitan mejorarse, las maneras en que planeas ayudar a los catequistas en su formación y crecimiento continuos, y los recursos adicionales que eventualmente sean precisos para lograr los resultados deseados.
- Conserva copias de todas las evaluaciones de los catequistas en tus registros catequéticos.
- Comienza tu sesión de evaluación con una oración. Esto les recuerda a ambos que Cristo está presente siempre que dos o tres personas se reúnan en su nombre. También establece un tono pastoral adecuado.
- Esfuérzate por hacer aclaraciones si no comprendes lo que el catequista está diciendo acerca de su progreso/desempeño: "Permíteme replantear con otras palabras lo que creo que te escuché decir". (Luego, con tus propias palabras, di lo que escuchaste). "No sé si te estoy entendiendo. ¿Me podrías dar un ejemplo específico de cómo lograste ese objetivo o de cómo completaste ese plan de acción?".
- Esfuérzate por encontrar puntos en común si no estás de acuerdo con la autoevaluación del catequista: "Háblame más sobre cómo llegaste a esa conclusión". "Gracias por compartir tu punto de vista. Ahora permíteme compartir mi perspectiva al respecto".
- No te disculpes por señalar áreas para mejorar. "Como catequistas, siempre nos esforzamos por mejorar nuestras habilidades. Teniendo en cuenta nuestra conversación, hay una o dos áreas en las que me gustaría que te concentraras". "Agradezco

la honestidad de tu autoevaluación. Hablemos sobre una o dos áreas para mejorar en las que podrías concentrarte".

- No sientas que debes responder todas las preguntas o tratar todos los temas durante la sesión. "Tu inquietud sobre el uso de un nuevo libro de texto para el próximo año escolar es interesante. Hablemos del tema en nuestra próxima reunión de catequistas y consultemos la opinión de los demás". "Tus planes para las sesiones de catequesis con los padres parecen interesantes. Por favor, muéstrame estos planes por escrito y hablaremos de ellos con más detalle".
- No olvides hacer un seguimiento.

Paso 4: Dar seguimiento

Mediante el proceso de evaluación descubrirás las fortalezas y las áreas de crecimiento y mejora del catequista. La evaluación no es la última palabra. Sería un error creer que la conversación que tuvieron durante la evaluación formal es suficiente para comenzar a ver mejorías. Que un catequista haya logrado entender los comportamientos que necesita atender no significa que tenga la capacidad o la motivación para cambiar.

Recuerda colaborar con el catequista para crear un plan de acción para la mejora. Incluir recursos y cronogramas ayuda a garantizar que el catequista reciba el apoyo necesario y se haga responsable.

Para reflexionar y conversar: Anteriormente caracterizamos la evaluación de catequistas como un proceso de cuatro pasos: diagnosticar, hacer observaciones, evaluar y dar seguimiento. Describe qué paso o pasos desarrollaste correctamente y cuáles representan una oportunidad de crecimiento.

Registros

Como líder catequético, eres esencialmente el "archivador" en jefe de las experiencias de formación de la fe de la parroquia. En muchos casos, se requiere que mantengas registros catequéticos específicos, algo que exploraremos con más detalle en el libro 5 de esta serie. Mientras tanto, sin embargo, es importante que sepas qué registros llevar de tus catequistas.

Un ambiente seguro

El *Estatuto para la Protección de Niños y Jóvenes* fue establecido por la USCCB en junio de 2002 para abordar las acusaciones a algunos miembros del clero católico por abuso sexual de menores. El estatuto incluye directrices para prevenir que el clero y los trabajadores de la Iglesia cometan actos de abuso en el futuro. Para muchas parroquias, los líderes del ministerio, incluyendo los líderes catequéticos, son responsables no solo de identificar a los adultos que ameriten una verificación de antecedentes y que necesiten capacitación sino de mantener un registro de la concreción de estos actos. El líder catequético también tiene la gran responsabilidad de seguir la política educativa diocesana de ambiente seguro para niños y jóvenes.

Archivos individuales de los catequistas

Es importante tener un archivo individual de cada uno de tus catequistas. Esto es especialmente útil cuando se produce la transición de un líder catequético parroquial a otro. Considera la opción de incluir la siguiente información en el archivo de cada catequista:

- Datos personales: nombre legal, dirección, contacto de emergencia.
- Credenciales académicas, si corresponde.
- Premios/reconocimientos especiales.

- Registro de la formación/certificación catequética.
- Certificación de ambiente seguro.
- Muestra de plan de lecciones.
- Asistencia a reuniones/talleres/retiros de catequistas.
- Evaluaciones.
- Registro de comunicaciones.

Consulta con la oficina catequética de tu diócesis para obtener directrices acerca de cuánto tiempo debe mantenerse la información en los archivos, aunque, generalmente, los registros se conservan cinco años antes de ser destruidos. La información del catequista debe considerarse como documentación privada y propiedad de la parroquia. Los registros deben mantenerse en un archivo cerrado con llave, al que solo tendrá acceso el párroco y su delegado, el líder catequético. Un catequista no puede ver ni sacar documentos sin la autorización previa del párroco. Este procedimiento tiene como fin proteger la privacidad del catequista y la integridad de los registros parroquiales.

Resumen: "Le explicaron con mayor exactitud el camino de Dios"

Llegó a Éfeso un judío llamado Apolo, natural de Alejandría, hombre elocuente y versado en la Escritura. Lo habían instruido en el camino del Señor, y lleno de fervor hablaba y explicaba exactamente lo concerniente a Jesús, aunque conocía sólo el bautismo de Juan. Empezó a actuar abiertamente en la sinagoga. Lo escucharon Priscila y Áquila; se lo llevaron aparte y le explicaron con mayor exactitud el camino de Dios. (Hch 18:24–26)

Según cuenta el relato, cuando Apolo se convirtió en catequista, estuvo bajo la supervisión de Priscila y Áquila, ¡dos de los primeros líderes catequéticos de la Iglesia! Juntos "le explicaron con mayor exactitud el camino de Dios", a pesar de que ya era considerado un hombre "versado en la Escritura". Como líder catequético, es tu responsabilidad supervisar y evaluar a quienes te han sido confiados como catequistas: se lo debes a ellos y a la Iglesia. Tus esfuerzos de supervisión y evaluación aseguran que el ambiente de aprendizaje de tu programa de formación de la fe esté centrado en Cristo, y que la formación que se ofrezca sea de la mejor calidad. Tus catequistas ya son personas talentosas e informadas, no obstante, mediante tus esfuerzos continuos de supervisión y evaluación, los ayudarás a conocer "con mayor exactitud el camino de Dios".

Madurar como líder catequético

¿Cómo describirías tu estilo de supervisión? Usa las siguientes descripciones para comenzar, o crea algunas propias: ausente, exigente, alentador, intenso, motivador, considerado. ¿Qué objetivos deseas establecer para ti mismo en pos de mejorar tu estilo de supervisión? Del proceso de supervisión de cuatro pasos (diagnosticar, hacer observaciones, evaluar, dar seguimiento), ¿cuáles ya practicas? ¿Qué paso necesita más práctica?

El líder catequético eficaz

CONFERENCIA NACIONAL LIDERAZGO CATEQUÉTICO
LOYOLAPRESS.

Formulario de evaluación del catequista

Autoevaluación basada en siete herramientas esenciales de *La caja de herramientas del catequista.*

Parte 1

Aprovecha esta oportunidad para evaluarte como catequista a lo largo del último año. Para cada pregunta, elige a qué "catequista" te pareces más en relación a la cualidad/habilidad que se indica:

a. Todo un profesional (totalmente de acuerdo).
b. Viento en popa (de acuerdo).
c. Desempeño promedio (estoy en el medio).
d. Hay trabajo por hacer (en desacuerdo).
e. Hay que volver al principio (totalmente en desacuerdo).

Herramienta del catequista (cualidad o habilidad)	Autoevaluación
1. Durante el curso del último año, me he esforzado por profundizar mi conocimiento de la fe y por crecer espiritualmente (es decir, asistí/participé en talleres, seminarios, cursos, retiros y/o dediqué tiempo a la lectura/reflexión/estudio acerca de la literatura católica).	a b c d e
2. Cuando llegó el momento de preparar y planificar mis lecciones, trabajé cuidadosamente, con consideración y devoción, y con la mirada puesta en lograr metas/objetivos específicos.	a b c d e
3. Con respecto a mi entorno de aprendizaje, hice todo lo posible por preparar/organizar un ambiente que fuera más propicio para la formación de la fe y la oración.	a b c d e
4. Mis lecciones siempre incluyeron una variedad de actividades interesantes que ayudaron a mis alumnos a participar activamente, no de forma pasiva, y nos permitieron usar el libro de texto como un recurso, no como el único recurso.	a b c d e
5. Establecí las pautas y mantuve una disciplina firme pero justa con mi grupo, lo que dio lugar a un alto nivel de colaboración y respeto mutuo.	a b c d e
6. Incluí experiencias de oración (litúrgicas y reflexivas) de manera regular, que permitieron que mis participantes reflexionaran acerca de su relación con el Señor y con la Iglesia, y que la hicieran crecer.	a b c d e
7. Comuniqué el sentido de la enseñanza con autoridad y entusiasmo, prestando atención a mi método: recorrer el salón, hacer contacto visual, variar el tono de voz, usar expresiones faciales y lenguaje corporal, mantener el sentido del humor y mostrar la emoción adecuada.	a b c d e

Cultivar catequistas: cómo reclutar, orientar y conservar a catequistas exitosos — Capítulo 7 página 1

Visita www.loyolapress.com/lce para acceder a la hoja de ejercicios.

Acción sugerida

Es importante que el catequista se acostumbre a la idea de ser supervisado. La próxima oportunidad que tengas, di a tus catequistas que deberían acostumbrarse a tu presencia en sus espacios de aprendizaje y que estarás realizando supervisión y evaluaciones formales e informales a medida que avanza el año. Cuanto antes se acostumbren a verte circulando y visitando sus clases, tanto menos intimidados se sentirán.

Recursos adicionales

En español

Facilitar las relaciones grupales y resolver los conflictos. Ricard Marí Mollá (CCS, 2012).

Evaluación; de proceso social a herramienta educativa. VVAA (CCS, 2014).

40 veces "7 claves" para hacer y comprender la catequesis. Jacques Renders (Sal Terrae, 2011).

En inglés

Shaping Spiritual Leaders: Supervision and Formation in Congregations [Crear líderes espirituales: supervisión y formación en las congregaciones]. Abigail Johnson (Lanham, MD: Rowman & Littlefield Publishers, 2007).

Transforming the Rough Places: The Ministry of Supervision [Transformar terrenos difíciles: el ministerio de la supervisión]. Kenneth Pohly (Franklin, TN: Providence House Publishers, 2001).

2600 Phrases for Effective Performance Reviews [2600 frases para evaluaciones de desempeño eficaces]. Paul Falcone (New York: AMACOM, 2005).

8

Algo rara vez sencillo: manejar las situaciones difíciles

Pese a nuestros mejores esfuerzos, supervisar a seres humanos implica, de manera inevitable, experiencias de conflicto. Los líderes catequéticos, como todos en el ministerio, no están exentos de esta realidad, y el proceso rara vez es sencillo. La buena noticia es que el conflicto, si se lo maneja bien, puede ser una oportunidad para el crecimiento, y prueba de que aún podemos funcionar eficazmente como líderes en medio de esta dinámica humana.

No se pueden evitar los conflictos

En el pensamiento cristiano se entiende que la discordia es una consecuencia del pecado. La intención de Dios era que el mundo viviera en armonía, pero el pecado generó discordia. Como resultado, los cristianos suelen ver la presencia del conflicto en sus comunidades como una señal de pecado, una señal de que algo salió terriblemente mal y necesita "arreglo". Puesto que el conflicto, desde esta perspectiva, es por definición el mal *elegido* —algo que podríamos haber resistido, pero que evidentemente permitimos—, se entiende que hay un culpable.

Dios creó el mundo con una enorme diversidad y, de hecho, parece glorificarse en ello. . . La exposición a la diversidad, con sus consecuentes sensaciones de incomodidad, sorpresa y desacuerdo,

> parece ser el modo en que Dios madura la creación. Da la impresión de que la tensión está incorporada en el "plan de desarrollo" divino como un medio por el cual nos convertimos en las personas que Dios soñó que fuéramos. . . Personas que pueden disfrutar de la comunión en la diversidad [v.d.t.]. (*Redeeming Conflict* [Redimir el conflicto], Ann M. Garrido, Ave Maria Press, 2016, 2–3)

En el caso de los líderes catequéticos, los conflictos suelen presentarse en tres niveles diferentes.

- Nivel 1: personal; conflictos entre colegas adultos en el ministerio
- Nivel 2: profesional; conflictos que requieren la intervención del líder catequético
- Nivel 3: urgente; conflictos que deben resolverse de inmediato y con el apoyo del párroco

Nivel 1: Conflicto personal

> Shaun vino a mi oficina visiblemente ofuscado. "¡No puedo creer lo que acaba de pasar! El líder del ministerio juvenil me pidió que lo ayudara a crear una página nueva para el sitio web de la parroquia. Dijo que era importante y urgente, así que trabajé todo el fin de semana para elaborarla; hasta rechacé una invitación al cine con amigos el sábado por la noche para poder terminarla. Cuando le envié el enlace el lunes, me dijo: 'Gracias, pero el párroco y el consejo parroquial decidieron posponer el lanzamiento hasta otra fecha'. ¡Renuncié a todo mi fin de semana para nada! Tú que estás a cargo, ¿podrías hablar con el líder del ministerio de jóvenes sobre esto?".

En su libro *Redeeming Conflict* [Redimir el conflicto], Ann Garrido describe esta situación de Nivel 1 como una "relación triangular" con tres roles:

- la persona que inicia la búsqueda, que representa una tercera parte,

- la tercera parte y
- la parte ausente, que es el tema de la conversación y a quien se presenta de manera negativa.

El iniciador involucra a una tercera parte en un intento de evitar una conversación desagradable con la parte ausente. Si reconoces que alguien hace algún intento de involucrarte como una tercera parte, ten en cuenta lo siguiente:

- Escucha con compasión.
- Insiste en que el iniciador hable directamente con la parte ausente.
- Si es necesario, ofrece la opción de estar presente, pero deja que el iniciador dirija la conversación y se esfuerce por lograr una resolución.

Nivel 2: Profesional

Tom se dio cuenta de que tenía un mensaje telefónico de un padre: "Mi hija está en segundo grado y se está preparando para recibir la Primera Comunión. Estoy muy disgustado por el modo en que el catequista está enseñando a los niños. Lo único que hacen es leer de un libro y colorear. A veces el catequista llega muy tarde a la clase, y los niños se quedan esperando sin hacer nada. Mi hija no solo no está aprendiendo nada, sino que se aburre ¡y no quiere volver a clase! Le manifesté mis inquietudes al catequista, pero nada ha cambiado".

Tom suspiró mientras volvía a escuchar el mensaje. No era la primera queja que recibía sobre la forma de enseñar del catequista y su ausentismo en clase.

Debido a que esta circunstancia pone en duda el desempeño del catequista y su posible efecto en un estudiante, la situación se clasifica como un tema profesional, de cuya resolución tiene que encargarse el líder catequético. A continuación se recomienda un camino para llegar a la resolución.

- **Reza.** Recurre a los dones del Espíritu Santo —sobre todo a la sabiduría, el entendimiento, el consejo, la ciencia y la fortaleza— mientras piensas en la mejor manera de abordar el tema.
- **Discierne.** Nunca actúes siguiendo solo la opinión de una persona. Tal vez tú ya te has dado cuenta de algunas tendencias en el desempeño. Si no, concede al catequista el beneficio de la duda dedicando tiempo a observar por ti mismo su desempeño.
- Haz una cita con tu párroco para hablar sobre tus observaciones y cómo planeas responder. Maneja el tema con respeto y compasión hacia el catequista. Tu objetivo es corregir el comportamiento, no condenar.
- Haz una cita con el catequista y comienza la reunión con una oración, consciente de la presencia continua del Espíritu Santo.
- Presenta el tema y permite que el catequista cuente su versión de los hechos. Que tus comentarios sean profesionales, y no vagos ni sentenciosos. Usa vocabulario basado en aspectos observables. Por ejemplo:
    - Afirmación vaga/sentenciosa: "Muchos padres me están diciendo últimamente que no estás haciendo un buen trabajo como catequista. ¿Qué está pasando?".
    - Afirmación profesional basada en lo observable: "En las últimas tres semanas, dos padres diferentes manifestaron su preocupación acerca de algunos comentarios personales que has hecho sobre la Iglesia en tus lecciones. En particular, me dicen que has expresado que no ves nada de malo en que las parejas vivan juntas y tengan hijos antes del matrimonio. ¿Es cierto esto? Conversemos al respecto".

- Afirmación vaga/sentenciosa: "No pareces estar preparado para enseñar semanalmente".
- Afirmación profesional basada en lo observable: "En el manual se indica que los catequistas deben llegar al menos unos minutos antes del comienzo de la clase. Esto tiene como fin asegurarnos de que los niños estén bien supervisados y de que estamos organizados y listos para recibirlos a ellos y a sus padres cuando llegan. En las últimas tres semanas, has llegado justo a la hora o después del comienzo de la clase y sin la lección preparada. Veamos qué podemos hacer para que puedas retomar el camino".
- Afirmación vaga/sentenciosa: "Parece que tienes dificultades para llevarte bien con los padres".
- Afirmación profesional basada en lo observable: "En los últimos dos encuentros con las familias, noté que había cierta tensión entre tú y _______________ cuando hablamos sobre el programa del retiro. También voy a hablar con _______________, pero quería saber si hay algo que quieras comentarme".

Cuándo cambiar de puesto

Todos esperamos un resultado positivo en el que el catequista comprende y realiza los ajustes de comportamiento necesarios. Sin embargo, algunas veces el catequista no puede o no quiere trabajar en pos de una solución. Si esto sucede, se debe cambiar a la persona a otra área de servicio. En lugar de realizar tareas semanales como catequista principal, tal vez la persona pueda seguir contribuyendo con el programa mediante su don de la música, el arte, la narración o incluso en tareas administrativas.

Considera, también, la opción de consultar a tu párroco respecto de los planes de corresponsabilidad para la parroquia. Existen muchas formas de discipulado que hacen buen uso de los talentos de las personas y contribuyen al bien común. Al final, es probable que alguien no esté satisfecho con el resultado pero, al evaluar el proceso, tu párroco y tú sabrán que hicieron su mejor esfuerzo por imitar a Jesús a lo largo de toda la experiencia. Sigue siendo amable en cada encuentro. Nunca te arrepentirás de haber tomado el buen camino.

Nivel 3: Urgente

Por desgracia, puede ocurrir que se necesite la destitución inmediata de un catequista, sobre todo si la salud o seguridad de algún alumno está en riesgo. Ciertas acciones poco éticas, inmorales e ilegales pueden exigir una acción inmediata. ¡Por supuesto, es útil tener expectativas de comportamiento y consecuencias claras en tu manual del catequista!

Si se te informa sobre alguna acusación por conducta poco ética, inmoral o ilegal, ¡mantén la calma! Dedica un momento para rezar por todos los que están presuntamente implicados y luego responde con un sentido de urgencia. Ten claros y sigue minuciosamente los procedimientos de notificación establecidos por tu diócesis o arquidiócesis. Siempre recuerda que en caso de presunto abuso de un menor, tú no eres un investigador y podrías causar más daño que beneficio a la víctima si adoptas esa función. En el libro 5 de esta serie exploraremos con más detalle la difícil tarea de destituir a un catequista del ministerio.

Una cuestión final e importante: Los líderes catequéticos cumplen una función significativa en la prevención del abuso sexual de menores. Mantente alerta y reza con frecuencia por la salud de las víctimas de abuso.

Enfrentar verdades incómodas

Como líder catequético, a veces te tocará enfrentar algunas verdades incómodas. No todos los momentos de la formación de la fe pueden o tienen que ser cálidos y acogedores. En ocasiones necesitamos tratar circunstancias que son causa de conflicto en nuestras comunidades. Hacerlo significa adoptar una posición profética y valiente en tu ministerio. Ser profético, según la tradición bíblica, es

- hablar en nombre de los oprimidos.
- verbalizar la Palabra de Dios con claridad y firmeza.
- dar testimonio.
- llevar esperanza a los desesperados.
- desafiar a las personas y las instituciones a ser fieles.
- manifestarse sin miedo contra la injusticia.

El ministerio profético —parte del triple ministerio de Cristo como profeta, sacerdote y rey— es algo en lo que todos somos llamados a participar en virtud de nuestro bautismo. Como líder catequético, a veces se te pide poner en práctica esta función de una manera más pública que a la mayoría de los cristianos. En esos casos es fundamental que contengas tu enojo. En la página 32 de *7 Keys to Spiritual Wellness* [7 claves para el bienestar espiritual], Joe Paprocki señala que con demasiada frecuencia nuestro enojo se manifiesta

- demasiado rápido
- de forma desmedida
- con efectos que duran demasiado tiempo

El autor también ofrece los siguientes consejos para manejar situaciones bajo presión:

Detente. Dedica unos momentos (cuenta hasta diez) y respira profundo. Esto puede ayudarte a controlar las emociones.

Habla con claridad. Una vez que hayas controlado tus emociones y puedas comenzar a pensar, exprésate sin atacar a la otra persona verbalmente. Manifiesta de manera clara y firme tus sentimientos y preocupaciones.

Ponte en movimiento. La actividad física estimulará la producción de diversos químicos en el cerebro que pueden tranquilizarte y ayudarte a pensar con mayor claridad.

Disminuye el ritmo. Mide tus palabras con atención para no decir algo de lo que puedas arrepentirte después. Disminuye "el ritmo de juego" para no perder la cabeza.

Busca una solución. Permite que tu pensamiento pase de concentrarte en lo que te molestó a buscar una solución.

Habla por ti mismo. Exprésate usando oraciones con "yo". No señales a los demás ni eches más leña al fuego. Describe cómo te sientes. No hagas acusaciones que comiencen con "tú".

Usa el humor. Todos los involucrados podrán pensar con mayor claridad si el ambiente es menos tenso.

¡Usa una cuerda salvavidas! En algunas situaciones, simplemente debemos admitir que no podemos pensar con claridad. Cuando esto sucede, invita a otra persona a intervenir entre tú y los demás involucrados, para ayudarlos a todos a pensar antes de actuar.

El enojo justificado

Por último, es importante recordar que enojarse no siempre es malo y que, de hecho, se encuentra en el corazón de la mentalidad profética de combatir la injusticia. Si no nos enojamos cuando vemos que a las personas se les niegan los recursos básicos para sustentar su dignidad humana, algo anda mal con nosotros. En tu función como líder catequético, a veces se te pide que respondas a determinadas situaciones con un enojo justificado. Pero siempre ten en cuenta la forma en que Dios expresa enojo en las Sagradas Escrituras: ni al azar ni de forma impulsiva, sino de manera permanentemente orientada contra el mal. Nuestro Dios es apasionado y su ira es de temer. Sin embargo, el pueblo que con frecuencia soportó la ira de Dios, el Pueblo Elegido, fue el mismo pueblo que describió a Dios como "paciente".

Ninguno de nosotros estaría satisfecho con un Dios sin pasión, que fuera indiferente a nuestras actividades cotidianas. Del mismo modo, de vez en cuando se te pedirá que demuestres tu pasión. Asegúrate de hacerlo de una manera que lleve a los demás a la conclusión de que, a fin de cuentas, tú eres "paciente".

Resumen: "Ve primero a reconciliarte con tu hermano"

"Si mientras llevas tu ofrenda al altar te acuerdas de que tu hermano tiene algo contra ti, deja la ofrenda delante del altar, ve primero a reconciliarte con tu hermano y después vuelve a llevar tu ofrenda".
(Mt 5:23–24)

Pese a tus mejores esfuerzos como líder catequético, surgirán conflictos que deberás manejar. Es parte de la condición humana. Si bien luchamos por evitar los conflictos, necesitamos saber cómo manejarlos cuando surgen. Los conflictos vienen en todas las formas y tamaños: personales, profesionales y urgentes. En cada caso, es importante responder al conflicto de una manera adecuada para un discípulo de Jesucristo, lo que significa que debemos manejarlo de modo tal que aplicar la justicia y "reconciliarte con tu hermano" sean los objetivos fundamentales. De vez en cuando, en tu función, el conflicto despertará tu voz profética, esa voz necesaria para manifestarte con pasión acerca de la injusticia. Al hacerlo, es posible que sientas ira. Sé precavido y adopta medidas para templar tu enojo y expresarlo, si no se puede evitar, de una manera que propicie la posibilidad de transformación y reconciliación.

Madurar como líder catequético

Piensa en las experiencias que has vivido al manejar conflictos. ¿Qué experiencias manejaste bien y qué estrategias aprendiste de esos momentos? ¿Qué experiencias sientes que podrías haber manejado mejor y qué medidas adoptarás para asegurarte de estar mejor preparado?

Visita www.loyolapress.com/lce para acceder a la hoja de ejercicios.

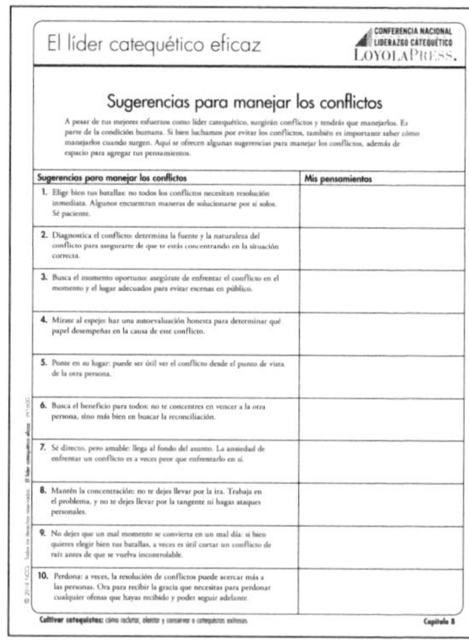
El líder catequético eficaz

CONFERENCIA NACIONAL LIDERAZGO CATEQUÉTICO
LOYOLAPRESS.

Sugerencias para manejar los conflictos

A pesar de tus mejores esfuerzos como líder catequético, surgirán conflictos y tendrás que manejarlos. Es parte de la condición humana. Si bien luchamos por evitar los conflictos, también es importante saber cómo manejarlos cuando surgen. Aquí se ofrecen algunas sugerencias para manejar los conflictos, además de espacio para agregar tus pensamientos.

Sugerencias para manejar los conflictos	Mis pensamientos
1. Elige bien tus batallas: no todos los conflictos necesitan resolución inmediata. Algunos encuentran maneras de solucionarse por sí solos. Sé paciente.	
2. Diagnostica el conflicto: determina la fuente y la naturaleza del conflicto para asegurarte de que te estás concentrando en la situación correcta.	
3. Busca el momento oportuno: asegúrate de enfrentar el conflicto en el momento y el lugar adecuados para evitar escenas en público.	
4. Mírate al espejo: haz una autoevaluación honesta para determinar qué papel desempeñas en la causa de este conflicto.	
5. Ponte en su lugar: puede ser útil ver el conflicto desde el punto de vista de la otra persona.	
6. Busca el beneficio para todos: no te concentres en vencer a la otra persona, sino más bien en buscar la reconciliación.	
7. Sé directo, pero amable: llega al fondo del asunto. La ansiedad de enfrentar un conflicto es a veces peor que enfrentarlo en sí.	
8. Mantén la concentración: no te dejes llevar por la ira. Trabaja en el problema, y no te dejes llevar por la tangente ni hagas ataques personales.	
9. No dejes que un mal momento se convierta en un mal día: si bien quieres elegir bien tus batallas, a veces es útil cortar un conflicto de raíz antes de que se vuelva incontrolable.	
10. Perdona: a veces, la resolución de conflictos puede acercar más a las personas. Ora para recibir la gracia que necesitas para perdonar cualquier ofensa que hayas recibido y poder seguir adelante.	

Cultivar catequistas: cómo reclutar, orientar y conservar a catequistas exitosos — Capítulo 8

Acción sugerida

Algunas personas llegan al ministerio pensando que no enfrentarán los conflictos que las personas experimentan en el "mundo real". Esta expectativa idealista puede hacer que las personas en el ministerio no estén preparadas para los conflictos inevitables que surgen en un grupo integrado por seres humanos diversos e imperfectos. Sé realista y prepárate para lidiar con las diferencias de una manera adecuada para un discípulo de Cristo. Comienza reconociendo ante tus catequistas que el conflicto es una parte normal de la vida de la Iglesia y que se manejará de forma apropiada.

Recursos adicionales

En español

Facilitar las relaciones grupales y resolver los conflictos. Ricard Marí Mollá (CCS, 2012).

Liderazgo virtuoso. Alexandre Havard (Palabra Ediciones, 2012).

Humanizar el liderazgo. José Carlos Bermejo Higuera, Ana Martínez Cuevas (Desclee de Brouwer, 2012).

Descubre tu liderazgo. Anthony D´Souza (Sal Terrae, 2005).

En inglés

Collaboration: Uniting Our Gifts in Ministry [Colaboración: unir nuestros dones en el ministerio]. Loughlan Sofield y Carroll Juliano (Notre Dame, IN: Ave Maria Press, 2000).

The Leadership Book [El libro del liderazgo]. Charles J. Keating (Mahwah, NJ: Paulist Press, 1977).

Redeeming Conflict: 12 Habits for Christian Leaders [Redimir el conflicto: 12 hábitos para líderes cristianos]. Ann M. Garrido (Notre Dame, IN: Ave Maria Press, 2016).

When Ministry Is Messy [Cuando el ministerio es complicado]. Richard C. Brown (Cincinnati, OH: Franciscan Media, 2006).

9

Cómo conservar catequistas: apoyo, colaboración, reconocimiento y agradecimiento público

La mayoría de los ministros no reciben remuneración por su ministerio. Por lo tanto, depende del líder catequético ofrecer maneras alternativas de reconocer a los catequistas por la labor que realizan. Existen estrategias eficaces para que el líder catequético comunique su apoyo y reconocimiento a los catequistas, así como formas de destacar la función del catequista mediante el agradecimiento público.

¡A todos les encanta Disneylandia! (¿Cierto?)

Cuando mi hija Catherine tenía unos cinco años, mi esposo y yo la llevamos a su primer viaje a Disneylandia. Mi hermana y su familia también vinieron, con sus dos hijos pequeños que tenían más o menos la misma edad y eran como hermanos de Catherine. Todos estábamos emocionados por compartir esta experiencia como familia y presentarle el "Magic Kingdom". Recuerdo haber pensado que sería un día que ella recordaría por siempre.

Lo fue, pero no por la razón que esperábamos.

Cuando entramos al parque temático, Catherine tenía muchas expectativas. Después de todo, en casa le gustaba mirar las películas animadas de Disney, cantar las canciones de Disney y abrazar a su Minnie Mouse de peluche rosa. Me dijo que estaba ansiosa por subirse a todas las atracciones y ver a sus personajes favoritos.

Pero unas dos horas después de iniciada nuestra aventura, descubrí dos cosas sobre mi hija: 1) la imagen de adultos desfilando con disfraces exagerados la asustaba; y 2) prefería cubrirse los ojos ante cualquier proyección de colores brillantes y taparse los oídos ante la música fuerte. Cómo se las arregló para ver o escuchar algo en el parque ese día sigue siendo un misterio para mí. Luego comenzó a llover. No una llovizna suave, sino una lluvia torrencial fuera de lo normal para los meses de verano en el sur de California.

A pesar de nuestros intentos de convencerla, Catherine, ahora adulta, aún no ha vuelto a Disneylandia. Siempre nos reímos ante su simpático recuerdo: "Me gustó estar con mi familia. Pero Magic Kingdom no fue lo que esperaba, y mis medias se empaparon".

¡A todos les encanta ser catequista! (¿Cierto?)

Es más que probable que, como líder catequético, tengas mucho entusiasmo por tu ministerio y esperes que los demás sientan lo mismo. "¿Cómo es posible que a alguien *no* le encante ser catequista?", te preguntarás. Cada año rezas para que la mayoría de tus catequistas, si no todos, se anote para servir otro año y no huyan porque su experiencia "no fue lo que esperaban" ¡o porque sus espíritus "se empaparon"!

Claro, la historia de Disneylandia es una manera humorística de presentar los desafíos de conservar a los catequistas. Pero hay una lección que debemos aprender: si bien la evaluación que hizo Catherine de su experiencia en Disneylandia como niña de cinco años se convirtió en una leyenda familiar que causa gracia, el hecho es que todas las personas que la acompañaron han vuelto a visitar el parque, pero ella no. Los líderes catequéticos tenemos la muy noble misión que Cristo nos encomendó y que es invitar y conservar a los catequistas para crear no un reino mágico, sino el Reino de los cielos.

Si experimentas un alto nivel de rotación o reticencia por parte de tus mejores catequistas para continuar el siguiente año, anímate, ¡todavía hay esperanza! Volvamos unos pasos atrás para analizar algunas de las estrategias y principios básicos de retención.

Motivación intrínseca

¿Qué nos motiva? Una persona con una motivación intrínseca procede de cierta manera porque es gratificante en lo personal, no porque busque reconocimiento o alguna recompensa externa. Existen diversas motivaciones intrínsecas por las que los catequistas comparten sus dones de fe y habilidades de liderazgo con la Iglesia. Ciertamente, creen que Dios los ha llamado para apoyar al párroco y acompañar a los niños y a sus padres en su camino de fe. Quizás su experiencia personal de criar a sus propios hijos en la fe los motiva para ayudar a otras familias a fortalecer la iglesia doméstica. Tal vez desean ser parte de algo más grande que ellos mismos, marcar una diferencia en la Iglesia y en la vida de las personas a quienes sirven.

La mayoría de nosotros puede identificarse con estos motivos personales. No obstante, es importante recordar que ese impulso que llevamos en nuestro corazón de servir al Pueblo de Dios no se origina en nosotros, sino que lo recibimos de Dios en la forma de su gracia. El *Catecismo de la Iglesia Católica* nos dice:

> La gracia es, ante todo y principalmente, el don del Espíritu que nos justifica y nos santifica. Pero la gracia comprende también los dones que el Espíritu Santo nos concede para asociarnos a su obra, para hacernos capaces de colaborar en la salvación de los otros y en el crecimiento del Cuerpo de Cristo, que es la Iglesia. Estas son las *gracias sacramentales*, dones propios de los distintos sacramentos. Son además las *gracias especiales*, llamadas también *carismas*, según el término griego empleado por san Pablo, y que significa favor, don gratuito, beneficio (cf. LG 12). Cualquiera que sea su carácter, a veces extraordinario, como el don de milagros o de lenguas, los

> carismas están ordenados a la gracia santificante y tienen por fin el bien común de la Iglesia. Están al servicio de la caridad, que edifica la Iglesia (cf. 1 Co 12). (*CIC*, #2003)

Motivación extrínseca

Mientras que las respuestas a las iniciativas llenas de gracia de Dios motivadas intrínsecamente son bendiciones para la Iglesia, también hay procederes motivados extrínsecamente, es decir, participar en una obra para obtener una recompensa externa. Si eres un empleado remunerado, tu salario es una recompensa externa. Entregar como corresponde la información de la auditoría sobre el ambiente seguro a la oficina diocesana a tiempo, y por ende (y con gusto) no recibir un recordatorio, también es una forma de recompensa externa. Ofrecer motivación extrínseca a veces puede ser útil para motivar a los catequistas.

- Una recompensa externa, como ofrecer una comida y cuidar niños durante las reuniones de catequistas, puede aumentar la participación.
- Presentar públicamente los certificados cuando un catequista completa los requisitos de certificación de la diócesis puede motivar a otros catequistas a completar su certificación.
- Hacer observaciones puede reforzar el buen desempeño y desalentar el malo.

Es un acto de malabarismo

La Iglesia está bendecida por muchos catequistas motivados intrínsecamente. Eso no significa que no se aprecien las recompensas externas de vez en cuando, sobre todo si se trata de diversas formas de gratitud. ¡Eso nos alegra el día a todos! Dos líderes catequéticos experimentados comparten sus historias.

Historia 1

Cada año servimos a 150 familias aproximadamente en nuestro programa. Participar en el Domingo Catequético es una excelente manera de apoyar, reconocer y agradecer a los catequistas. En mi parroquia, todos los catequistas asisten a la misa del Domingo Catequético. Se ofrecen intenciones de oración en su nombre, y nuestro párroco les pide que pasen al frente para ser bendecidos y encomendados a vivir su llamado. Es muy significativo celebrar oficialmente el comienzo del año catequético con la Eucaristía. Después de todo, nuestro ministerio se trata precisamente de dar testimonio de Jesús con nuestra manera de vivir la vida, celebrar nuestra fe y compartirla con los demás.

Vivimos en el estado de Hawái, así que me gusta obsequiar a mis catequistas un collar de nuez de kukui en la misa del Domingo Catequético. La nuez de kukui tiene un alto contenido de aceite. Antiguamente, en Hawái, el aceite se usaba como combustible para las velas y antorchas, una fuente esencial de luz. Usar el collar ayuda a recordar a los catequistas que son llamados a ser la luz de Cristo.

Los catequistas siempre han agradecido que tengamos un calendario general para seguir a lo largo del año de educación religiosa. Ellos participan en el proceso de consulta al seleccionar libros de texto y otros recursos, por lo que se genera un sentido de colaboración y empoderamiento. Una vez que reciben sus libros de texto, les doy el apoyo y la orientación que necesitan para preparar sus lecciones, sobre todo a quienes no tienen experiencia en la enseñanza. Los catequistas también aprecian que los niños estén contentos con el programa, porque tienen la oportunidad de experimentar y vivir su fe en el programa y en la parroquia.

Al principio y al final del año, tenemos reuniones en las que todos llevan comida para compartir, lo cual es una excelente forma de crear comunidad. Hace poco, en una de estas cenas compartidas, pedí a los niños que sorprendieran a su catequista con un collar de flores o una nota de agradecimiento. Fue realmente conmovedor ver cuando se los entregaron a sus catequistas. ¡Tengo la intención de hacer esto todos los años!

Me mantengo en contacto con los catequistas a lo largo del año, les hago observaciones y siempre, siempre les doy las gracias. Uso las redes sociales con los catequistas adultos para mantenerlos informados sobre lo que está ocurriendo en la parroquia y el programa.

Antes de las clases de educación religiosa, tenemos reuniones programadas en las que compartimos bocadillos. Al final del año nos evaluamos a nosotros mismos y evaluamos el programa, identificamos las áreas que se pueden mejorar, qué hicimos bien y qué debemos continuar haciendo.

El reconocimiento es de suma importancia para conservar a los catequistas. Nuestro programa de educación religiosa incluye un encuentro de 15 minutos con los niños y sus padres al comienzo de cada clase. Después de que el sacerdote nos guía en oración, pido a cada clase que pase al frente y anuncie el nombre de su catequista. Esta es una excelente manera de presentarlos a los padres y al resto de los niños del programa.

Una vez al mes, ofrecemos una sesión de formación de la fe para las familias. Los padres disfrutan meditando sobre las Sagradas Escrituras, orando y compartiendo sus historias de fe con los demás, y brindándose apoyo ante los desafíos de criar a sus hijos en la fe. Muchos de estos padres terminan ofreciéndose como voluntarios para ayudar a los catequistas, lo cual, a su vez, lleva a una mayor retención de catequistas. Y si necesito catequistas nuevos, tengo un grupo de padres que ya participan en nuestro ministerio, así que están más dispuestos a ser voluntarios.

Historia 2

¡Me encanta mi parroquia! En nuestro programa de educación religiosa, tenemos la bendición de contar con 120 voluntarios entre catequistas, asistentes y personal. Cada año servimos a unos quinientos niños y jóvenes, por lo que nuestro ministerio siempre es muy activo y hasta puede resultar abrumador. Sin embargo, pese a que mi párroco me ha delegado la responsabilidad del programa, muy pronto me di cuenta de que el trabajo en equipo era vital para servir bien a nuestras familias. El compañerismo de los equipos también propicia la retención de catequistas y disminuye el agotamiento.

Para conservar catequistas, primero que nada, haz que se sientan bienvenidos e importantes. Escúchalos con atención y permite que implementen ideas (cuidando que estén alineadas con las enseñanzas de la Iglesia). Guíalos a posiciones de liderazgo. Por ejemplo, una vez que estén familiarizados con el programa de retiros, invítalos a dirigir segmentos o a dar un testimonio. Puede que al principio se nieguen, pero una vez que permitan que el Espíritu Santo se mueva por medio de ellos, descubrirán un don que no sabían que tenían. Los adolescentes y los jóvenes adultos con más madurez, en particular, se asombran por la forma en que Dios puede obrar en ellos. Es maravilloso ver su desarrollo.

La retención de catequistas también se eleva cuando familias enteras sirven juntas en el ministerio, como cuando un padre ayuda a un catequista en la clase. La gracia en este caso es que las lecciones se preparan y se tratan en la casa y, tal vez, incluso durante el trayecto a la escuela o trabajo durante la semana. ¡La familia entera crece en la fe mientras sirve!

Al formar equipos, es útil recordar que a cada uno Dios nos ha dado dones y un espíritu generoso para compartirlos. Por ejemplo, no solo algunos de nuestros catequistas son docentes profesionales, sino que muchos de ellos están capacitados para enseñar a niños con necesidades especiales de aprendizaje. Se convierten en un equipo muy especial, y ofrecen un ministerio que realmente toca el corazón de las familias a quienes sirven. Un padre una vez me dijo: "Sabes, siempre me cuesta trabajo lidiar con todo lo que implica darle una educación (escolar) excelente a mi hijo; me cuesta navegar el sistema de seguro médico para que mi hijo pueda recibir un buen cuidado médico. Aquí, en mi parroquia, es en el único lugar en el que me siento apoyado y en el que no tengo que luchar con algo. Estoy tan agradecido por el apoyo que recibo para ayudar a mi hijo a conocer a Dios y a prepararse para los sacramentos".

Los equipos también incluyen mentores para cada grado, personas que disfrutan organizando programas especiales, actividades parroquiales y retiros, y —muy importante— personas que disfrutan de la hospitalidad, especialmente preparando y sirviendo comida.

Cuando hablamos de conservar catequistas, es importante tener una política de puertas abiertas que propicie el entendimiento, la compasión y un gran amor por los demás. Esto requiere mucha energía. Yo presto mucha atención a mi vida de oración y a mi bienestar físico, porque estos afectan mi forma de administrar el programa y mi actitud en general. Recibo la Eucaristía con frecuencia, me comprometo a orar todos los días y me aseguro de contar con el descanso, la nutrición y el ejercicio que necesito.

Los cuatro principios para conservar catequistas

Un banco construido correctamente sobre cuatro patas es firme y confiable. Tener una estrategia para conservar catequistas usando los cuatro principios de retención —apoyo, colaboración, reconocimiento y agradecimiento público— será de gran utilidad para que tu lista de catequistas se mantenga firme y sea confiable. Los dos líderes catequéticos mencionados anteriormente claramente manifiestan los cuatro principios y, por eso, desarrollan una de las más poderosas herramientas disponibles para conservar (y reclutar) catequistas: el testimonio personal de los propios catequistas, también conocido como mensaje de boca en boca. El deseo de los catequistas de volver otro año aumentará cuando sientan entusiasmo por su ministerio y la forma en que son tratados. No solo regresan, sino que a menudo también reclutan a otros, en especial a su cónyuge, a un hijo adolescente o joven adulto, o a un amigo.

Aquí presentamos otros planes de acción prácticos para ayudar a que los cuatro principios cobren vida.

Apoya

- Elige a las personas según sus habilidades, no según tus necesidades, y así permitirás que los catequistas sientan que están contribuyendo de acuerdo con sus dones. Algunos se sienten cómodos con los pequeños, algunos con los adultos y otros pueden disfrutar el trabajo con los adolescentes o jóvenes. Ofrece los recursos necesarios que "hablen" a sus alumnos adecuadamente según la edad.
- Pide a un padre que forme un grupo central de oración para organizar una cadena de oración por tus catequistas y los niños. Cada semana, una familia o feligrés se comprometerá a orar por los catequistas, los niños y sus familias. La oración siempre es indispensable, sobre todo para quienes se están preparando para recibir los sacramentos.
- Asigna un mentor a tus catequistas. Esto es especialmente importante para los catequistas jóvenes o quienes tienen menos de un año o dos de experiencia.
- Habla con tu párroco para tratar las prioridades principales del programa catequético, y solicita que estas prioridades se vean reflejadas en el plan pastoral general de la parroquia. La asignación de recursos se alinea con estas mismas prioridades públicas. Estas pueden incluir:
    - Brindar recursos adecuados para la enseñanza.
    - Brindar recursos para los retiros de catequistas.
    - Financiar oportunidades de desarrollo profesional que se llevan a cabo fuera del estado/región.

- Conoce las necesidades de tus catequistas y ofrece talleres para ayudarlos a crecer en su ministerio. Por ejemplo, nosotros nos enteramos de que varios catequistas estaban interesados en realizar sesiones de preparación sacramental para los niños con necesidades especiales. Les proporcionamos capacitación para esta iniciativa, y de esta forma podemos servir a más hijos de Dios.
- Con el párroco, crea un ambiente familiar saludando a los catequistas con calidez; ¡alégrate de verlos! Hazles observaciones con regularidad y agradéceles con frecuencia.
- Durante las clases, ponte a su disposición para lidiar con los problemas de conducta graves que puedan presentar los alumnos. Así se libera a los catequistas de este tipo de cuestión, para que puedan concentrarse en la enseñanza, algo que realmente aprecian.

Colabora

- Conoce a los líderes catequéticos de las parroquias vecinas. Planifica con ellos un retiro conjunto para los jóvenes (tal vez antes de la Confirmación o de recibir la Primera Comunión) o para toda la familia. La colaboración nos conecta con la comunidad cristiana general, distribuye el trabajo y permite a los catequistas servir y orar codo a codo.
- Forma equipos de catequistas divididos según los grados (como pre- y kindergarten regular, grados 1 y 2, grados 3 y 4, etcétera). Ofrece oportunidades para que dialoguen y planifiquen juntos las lecciones. No solo lo disfrutarán más, sino que habrá mayor congruencia entre los niveles.
- Invita a los adolescentes con la madurez suficiente a ser asistentes de clase.

- Si compartes el espacio de enseñanza con la escuela parroquial, coordina para que el docente y el catequista que comparten el salón se reúnan y recen juntos. Pide a los alumnos que escriban notas de oración y acción de gracias a los demás. Inspíralos para que se den cuenta de que el Espíritu Santo está vivo y se mueve dentro del salón y a través de cada uno de ellos.
- Anima a los catequistas a participar en los eventos de la parroquia, y ayúdalos a relacionarse con los feligreses que no participan en el programa catequético.

Reconoce

- Establece una "jerarquía" de voluntarios en la que un catequista tenga la oportunidad de avanzar con el correr del tiempo. Cada nivel implica mayor independencia y responsabilidad, lo que lo hace sentir como un "ascenso". Ejemplos de niveles de catequistas: asistente, catequista principal, mentor, coordinador de grupos de nivel o de grado.
- Durante el tiempo de Pascua organiza un servicio de oración para tus catequistas con el reconocimiento como tema. Entrega un cirio a cada uno. Pide que caminen por el salón y digan una palabra o frase de reconocimiento con sus compañeros catequistas. Esta puede ser una experiencia poderosa y de unión.
- Celebra el servicio de oración de reconocimiento con los padres. Los catequistas y los padres tendrán la oportunidad de expresarse reconocimiento unos a otros.
- Trabaja con tu párroco para programar sus visitas a los salones de clase o a eventos especiales. Los catequistas saben que los párrocos tienen una agenda ocupada y agradecen su presencia.
- En el aniversario de bautismo de tus catequistas (o en su cumpleaños), pide a los alumnos que les escriban notas de agradecimiento.

- Cuando organices reuniones, ofrece algún alimento ligero, o un bocadillo y algo de beber. Tu atención a la hospitalidad muestra a tus catequistas que los aprecias.
- Organiza sesiones de "Café con el párroco" con los padres. Durante esas sesiones escucharás sobre las maneras en que tus catequistas marcan una diferencia en la vida de los niños. Compartir esas historias con los catequistas es realmente una experiencia de reconocimiento.
- Organiza un encuentro de celebración una o dos veces al año.

Agradece públicamente

- Organiza el Domingo Catequético, que tradicionalmente se celebra el tercer domingo de septiembre. Es un día en el que las parroquias agradecen públicamente a los catequistas, rezan por ellos y los presentan ante la asamblea usando los excelentes recursos que ofrece la USCCB. Los padres también reciben reconocimiento por su importante función en la formación de sus hijos en la fe. Al mismo tiempo que reconoces la importancia de los catequistas en la comunidad, destaca también su espíritu de voluntariado ante la comunidad en general. Los recursos para el Domingo Catequético están disponibles en www.usccb.org.
- De manera regular, incluye lo más destacado del programa en el periódico de la diócesis o, cuando sea pertinente, en el periódico secular. Comparte tus historias para demostrar cómo los alumnos y sus familias participan en la vida de la parroquia por medio del programa catequético.
- Publica fotografías subtituladas en la página web de la parroquia, la página de Facebook o la cuenta de Twitter; asegúrate de que en tu manual se incluya un formulario de autorización para el uso de imágenes y que sea firmado por todos los que aparecen en las fotografías.

Resumen: "Siempre que rezamos por ustedes damos gracias a Dios"

"Siempre que rezamos por ustedes damos gracias a Dios, el Padre de nuestro Señor Jesucristo, porque estamos enterados de su fe en Cristo Jesús y del amor que tienen a todos los consagrados, a causa de la esperanza que les está reservada en el cielo. Ustedes alcanzaron esta esperanza cuando les llegó el mensaje verdadero de la Buena Noticia, el cual está dando fruto y creciendo en todo el mundo, lo mismo que entre ustedes, desde el día que oyeron hablar y conocieron de verdad la gracia de Dios". (Col 1:3–6)

San Pablo es perseverante respecto a muchas cosas, entre las cuales no es excepción que cada una de sus cartas en las Sagradas Escrituras agradezca a quienes proclaman la Palabra de Dios. San Pablo sabía que era importante reconocer a sus catequistas por marcar una profunda diferencia. Y los catequistas que permanecen en su función año tras año son los que sienten que han marcado una gran diferencia.

Los catequistas creen que son llamados por Dios para servir. Muchos sienten una motivación intrínseca de compartir sus dones en el ministerio catequético. Pero para conservar este valioso recurso humano se necesita equilibrar lo que se espera del catequista con lo que el catequista puede esperar de ti. Al leer las historias de catequistas más experimentados y considerar las maneras de implementar los cuatro principios para conservar catequistas, queda claro que el párroco y el líder catequético ejercen la mayor influencia en el porcentaje de retención.

¿Se necesita mucho esfuerzo y planificación para apoyar a los catequistas, forjar relaciones basadas en la colaboración con ellos, reconocerlos y agradecerles? ¡Sí! Pero vale la pena la inversión. Cuando los catequistas sienten que su espíritu cobra vida y ven cómo su vida mejora como voluntarios en tu programa, serás capaz de conservar muchos más catequistas.

Madurar como líder catequético

Cuando se trata de ofrecer reconocimiento a los demás, realmente es oportuno aplicar la Regla de Oro: "Traten a los demás como quieren que ellos los traten a ustedes". ¿Qué tipo de reconocimiento recibes y aprecias más? ¿Cómo puedes tú, a su vez, expresar reconocimiento a tus catequistas de la manera más efectiva por el servicio que brindan?

Visita www.loyolapress.com/lce para acceder a la hoja de ejercicios.

El líder catequético eficaz

CONFERENCIA NACIONAL LIDERAZGO CATEQUÉTICO LOYOLAPRESS.

Una lista para expresar agradecimiento

Cuando se trata de conservar catequistas, los que se quedan son los que sienten que han marcado una diferencia importante. Como líder catequético, una de tus responsabilidades es mostrar reconocimiento a los catequistas para que sepan que ellos y sus dones son valorados. Aquí se ofrecen algunas sugerencias para expresar gratitud a tus catequistas.

1. Di "gracias" en persona cada vez que interactúes con los catequistas.
2. Envía cartas o correos electrónicos individuales a los catequistas para darles las gracias por compartir sus dones.
3. Felicita a los catequistas por el trabajo bien hecho.
4. Incluye mensajes de agradecimiento y reconocimiento en tu hoja informativa, página de Facebook y página web.
5. Ofrece a los catequistas algún presente o platillo para manifestar tu gratitud.
6. Reconoce públicamente los logros de los catequistas.
7. Publica perfiles de catequistas en la hoja informativa de la parroquia, el boletín y la página web.
8. Presenta los premios/certificados y/o reconoce los logros de los catequistas.
9. Toma fotografías de los catequistas en acción y publícalas en un tablón de anuncios y en las redes sociales.
10. Pide a los catequistas que colaboren aportando ideas y conocimientos como una manera de afirmar sus dones.

¿Cuáles de las estrategias mencionadas anteriormente funcionan mejor para ti y por qué?

¿Qué otras maneras se te ocurren de agradecer y brindar reconocimiento a tus catequistas?

Cultivar catequistas: cómo reclutar, alentar y conservar a catequistas exitosos Capítulo 9

Acción sugerida

Durante la semana próxima, esfuérzate por reconocer y agradecer a la mayor cantidad de personas posible en tu programa catequético.

Recursos adicionales

En español

15 nuevos caminos para la catequesis hoy. Henri Derroitte (San Terrae, 2008).

Repensar la catequesis. Álvaro Ginel Vielva (CCS, 2009).

En inglés

A Servant's Heart: 180 Encouraging Thoughts for Church Volunteers [El corazón de un siervo: 180 pensamientos alentadores para voluntarios de la iglesia]. Tiffany Ross (goTandem, 2015).

Servant Leadership Models for Your Parish [Modelos de liderazgo servicial para su parroquia]. Dan Ebener (Mahwah, NJ: Paulist Press, 2010).

Shaping Spiritual Leaders: Supervision and Formation in Congregations [Crear líderes espirituales: supervisión y formación en las congregaciones]. Abigail Johnson (Lanham, MD: Rowman & Littlefield Publishers, 2007).

10

Nadie es una isla: crear y fomentar una comunidad catequética

Todo líder catequético sabe que se necesita mucha energía para reclutar y conservar catequistas. También se necesita mucha energía para que se vuelvan parte de una comunidad catequética unida. Ciertamente no hay escasez de ideas y actividades para crear comunidad. De hecho, capacitar a grupos de individuos para que trabajen juntos de manera más eficaz hacia un objetivo común es una industria multimillonaria saturada de actividades diseñadas para mejorar la comunicación, la resolución de problemas, la toma de decisiones, etcétera.

Entonces, ¿por qué no adoptar algunas de estas prácticas para nuestra comunidad catequética y listo? ¡Porque primero necesitamos preguntarnos *por qué* estamos haciendo todo esto! Recordando los principios que tratamos en el capítulo 6, buscamos ampliar nuestro enfoque de "hacer" actividades comunitarias a "ser" una comunidad: el Cuerpo de Cristo.

Somos el Cuerpo de Cristo

Cuando formamos y fomentamos nuestra comunidad de catequistas, lo que realmente estamos haciendo es crear y alimentar el Cuerpo de Cristo. A medida que fortalecemos el Cuerpo, damos vida a las palabras que Jesús nos enseñó a orar: "¡Padre nuestro que estás en el cielo! Santificado sea tu Nombre, venga tu reino, hágase tu voluntad en la tierra como en el cielo" (Mateo 6:9–10).

Jesús personalmente invitó y reunió a un grupo diverso de doce discípulos para formar una comunidad de fe. Les enseñó y los envió como sus apóstoles para compartir la alegría del Evangelio, nuestro mensaje de salvación, con todos los pueblos del mundo. Y lo mismo sucede con nuestros catequistas, también un grupo de individuos diversos, cuya vocación (llamado) por parte de Cristo los ha reunido para compartir la alegría del Evangelio. Esto es lo que san Pablo dice en Efesios:

> Él nombró a unos apóstoles, a otros profetas, evangelistas, pastores y maestros. Así preparó a los suyos para los trabajos del ministerio, para construir el cuerpo de Cristo; hasta que todos alcancemos la unidad de la fe y del conocimiento del Hijo de Dios, al estado de hombre perfecto y a la madurez de la plenitud de Cristo. Así no seremos niños, juguete de las olas, arrastrados por el viento de cualquier doctrina, por el engaño de la astucia humana y por los trucos del error. Por el contrario, viviendo en la verdad y el amor, crezcamos

> hasta alcanzar del todo al que es la cabeza, a Cristo. Gracias a él, el cuerpo entero, recibe unidad y cohesión gracias a los ligamentos que lo vivifican y por la acción propia de cada miembro; así el cuerpo va creciendo y construyéndose en el amor. (Efesios 4:11–16)

Así como el cuerpo humano, nuestra comunidad catequética, aunque diversa, es más saludable cuando funciona como un todo. El Espíritu Santo, que nos une en el amor, nos perfecciona incluso en nuestra debilidad. De hecho, santificadas por Cristo, nuestras imperfecciones pueden servir para fortalecer la comunidad.

> Es entonces de extrema importancia que accedamos a vivir no para nosotros mismos, sino para los demás. Cuando hagamos eso podremos, ante todo, enfrentar y aceptar nuestras propias limitaciones. . . Si vivimos para los demás, nos daremos cuenta gradualmente de que nadie espera que seamos "como dioses". Veremos que somos humanos, como todos los demás, que todos tenemos debilidades y deficiencias, y que estas limitaciones cumplen una función muy importante en nuestra vida. Es por nuestras limitaciones que necesitamos a los demás y los demás nos necesitan a nosotros. No todos tenemos las mismas debilidades, por lo que nos suplementamos y complementamos entre todos, cada uno con lo que le falta al otro [v.d.t.]. (Thomas Merton, *No Man Is an Island* [Nadie es una isla] [Chicago: Shambhala, 2005], xxi.)

Entonces, ¿qué se necesita para crear y fomentar una comunidad catequética? Con suerte podremos darnos cuenta de que no pretendemos cultivar un grupo de individuos que funcione a la perfección. Más bien, nos concentramos en "ser comunidad", en alimentarnos unos a otros con nuestras imperfecciones. Exploraremos esta idea más a fondo con una serie de reflexiones para crear una comunidad.

La comunidad como interdependencia sagrada

La canción clásica de Frank Sinatra "A mi manera" habla de la importancia que damos a la libertad y a la independencia personales. Pero, a veces, esto puede conducir a la soledad. Es difícil cuando perdemos nuestra conexión con los demás u olvidamos lo bien que se siente poder contar con otras personas y que ellas cuenten con nosotros. Una comunidad de apoyo está impregnada de esta interdependencia sagrada que puede tener un profundo efecto en las personas.

> Era una madre joven y catequista voluntaria cuando me diagnosticaron cáncer de mama. Después de cada cirugía, mi familia y amigos eran amables y siempre me decían "llámame si necesitas algo". Sintiéndome abrumada y con un futuro incierto, nunca llamé a nadie; solo confié en mi familia cercana. Me empeñé en conducir por mí misma al trabajo, a las citas médicas e incluso a las sesiones de radiación; simplemente quería estar sola con mis pensamientos, oraciones, temores y esperanzas.
>
> En medio de mi tratamiento, mi oncólogo, que era amable pero directo, me preguntó: "¿A quién estás permitiendo que te ayude en todo esto?". Recité una lista corta de miembros de la familia, a lo que respondió: "¿Qué pasó con tus amigos?". Lo miré directamente a los ojos por un momento y me puse a llorar.
>
> Él apoyó una mano sobre mi hombro y dijo: "Mira, tu familia ha sido maravillosa, pero disfrutar de la compañía de amigos puede ayudar al proceso de curación y recuperación. Cuando te sientas lista, está bien que incluyas a tus amigos. Deja que te consientan con una taza de té y una charla. Acepta algunas invitaciones. Sal a caminar, canta en karaoke o haz lo que te guste".
>
> Con el tiempo, sentí que la mano de Dios volvía a tejer este hilo de persona en el tejido de la comunidad. Mis amigos catequistas se encargaron de rodearme de amor. Volver a relacionarme con los demás me ayudó a salir de mi aislamiento y a integrarme en comunidades de personas en quienes confiaba. Aquí me permitieron

compartir mis sentimientos, encontrar alivio en la interacción social habitual, y rendir culto y orar con los demás.

Si bien mi objetivo era sobrevivir, ¡mi comunidad de familia y amigos fomentó dentro de mí una vibrante alegría de vivir!

El Espíritu de comunidad que experimentó esta catequista es realmente sagrado. De hecho, los obispos de los Estados Unidos nos enseñan que

> El modelo de la comunidad humana es la Santísima Trinidad: la unidad del Padre, el Hijo y el Espíritu Santo. La misma naturaleza de la Trinidad es comunal y social. "Dios se nos revela a sí mismo no como alguien que está solo, sino más bien como alguien que es parte de una relación, alguien que es Trinidad. Por lo tanto, nosotros que somos hechos a imagen de Dios compartimos su naturaleza comunal, social. Estamos llamados a proyectarnos y a construir relaciones de amor y justicia". Las relaciones que hombres y mujeres deben establecer entre sí se asemejan a las relaciones entre las personas divinas en el Dios Trino. Esas relaciones humanas trascienden las fronteras del idioma, la raza, el origen étnico, el sexo, la cultura y las naciones para unir a las personas en una familia humana. Cada miembro individual de esa familia humana es de un valor incalculable, ya que cada uno está hecho a imagen de Dios y fue creado para ser feliz con Dios por toda la eternidad. (*DNC*, #43)

Siete características de una comunidad catequética que alimenta

Con las palabras de nuestros obispos y las Sagradas Escrituras como inspiración, reflexiona sobre estas siete características de una comunidad de apoyo: misión, alegría, parámetros, empoderamiento, reconocimiento, participación y corresponsabilidad.

1. **Misión.** Tengo como base nuestra fe católica romana y rezo con mis colegas para apoyarnos unos a otros en nuestra misión:

"Vayan por todo el mundo proclamando la Buena Noticia a toda la humanidad" (Marcos 16:15).

2. **Alegría.** En mis interacciones se manifiesta un espíritu alegre. "Mi alma canta la grandeza del Señor" (Lucas 1:46).
3. **Parámetros.** Comprendo claramente las responsabilidades y expectativas de comportamiento tanto mías como de quienes están en posiciones de liderazgo.
4. **Empoderamiento.** Busco oportunidades de capacitación y formación continua y recibo los recursos adecuados para el ministerio catequético. Me doy cuenta de que Cristo mismo me ha empoderado para cumplir una misión desde mi bautismo. Tengo como base la oración y participo con frecuencia en los sacramentos de la Reconciliación y la Eucaristía para armonizar mi corazón con Cristo. "El hombre bueno saca cosas buenas de su tesoro bueno del corazón; el malo saca lo malo de la maldad. Porque de la abundancia del corazón habla la boca" (Lucas 6:45).
5. **Reconocimiento.** Recibo reconocimiento de muchas maneras, por ejemplo, a través de una comisión, respaldo público, palabras de agradecimiento, reuniones especiales, una insignia del ministerio, etcétera.
6. **Participación.** Participo en eventos que organiza la parroquia y comparto la luz de la fe con la comunidad en general por medio de redes personales y profesionales, participación política, etcétera.
7. **Corresponsabilidad.** Adopto la catequesis como una forma de vida y busco la forma de marcar una diferencia relacionando la fe y la vida en la cultura contemporánea. "También a las demás ciudades tengo que llevarles la Buena Noticia del reino de Dios, porque para eso he sido enviado" (Lucas 4:43).

Para reflexionar y conversar: ¿De qué maneras estás viviendo estas características de una comunidad que alimenta?

Los dolores de crecimiento de la comunidad

Una vez le pedí a un hermano religioso, muy buen amigo mío, que nombrara un aspecto favorito de la comunidad. Con entusiasmo respondió: "¡Mis hermanos!". Cuando le pedí que nombrara un aspecto difícil de la comunidad, guiñando el ojo respondió: "¡Mis hermanos!". Lo mismo ocurre con la creación de una comunidad. Aunque constantemente nos esforzamos por alcanzar la unidad cristiana, el Cuerpo de Cristo, como el cuerpo humano, sufre molestias y dolores de crecimiento de vez en cuando. Arriba el ánimo; al reconocer los síntomas de dolor y responder a la causa principal, la comunidad puede cuidarse y recuperar la salud.

Una líder catequética reflexiona sobre las lecciones que aprendió en su camino del dolor a la sanación:

> La primera punzada de dolor fue en la zona del hombro. Le asigné un nivel 4 en una escala del 1 al 10 y no le hice caso pensando que era a causa del tiempo que pasaba frente a mi computadora. Después de todo, la parroquia pronto comenzaría el proceso inmediato de preparación para la Primera Comunión, y había que hacer cartas para los padres, certificados, anuncios para el boletín y recordatorios para padres de familia y catequistas. Compré una silla ergonómica en mi intento por mejorar mi postura y aliviar el dolor.
>
> Varias semanas después, comenzó un dolor constante en mi codo derecho, así que lo envolví estrechamente con una venda elástica, intentando reducir el dolor mientras controlaba mis movimientos. Recuerdo que tuve que usar la mano izquierda para distribuir una hostia no consagrada mientras preparaba a cada niño para recibir con reverencia el Cuerpo de Cristo.
>
> Unos días después, un dolor agudo en la mano derecha me despertó de un sobresalto a mitad de la noche. Al tratar de alcanzar la lámpara de mi mesa de noche, me di cuenta con terror de que tenía los dedos tan entumecidos de dolor que casi no podía encender el interruptor. ¡Pensé que estaba teniendo un ataque cardíaco!

Una visita urgente al hospital y varios estudios después revelaron el origen de mi lesión: una hernia discal en la zona cervical (cuello).

Luego vino el tratamiento: medicamentos para aliviar el dolor seguidos de terapia física y visitas al quiropráctico. En cada fase, me llamó la atención que nadie de mi equipo médico le prestara demasiada atención a mi hombro, codo o mano: el dolor en esas áreas fue declarado como síntoma de la causa principal. Por consiguiente, mis intentos por curarme mediante la silla ergonómica y la venda elástica fueron inútiles, pues no entendía realmente lo que ocurría con mi cuerpo.

Lo que viví con mi cuerpo físico puede relacionarse con el Cuerpo de Cristo, sobre todo con mi comunidad de catequistas. Si empiezan a manifestarse síntomas, trato de identificar el origen del dolor para facilitar el proceso de sanación.

Síntomas en nosotros mismos

Es posible que nos percatemos de nuestros propios síntomas, como fatiga, distracción o una disminución en nuestra vida de oración. Es importante practicar el cuidado de sí mismo. He aquí algunas maneras de hacerlo:

- Orar. Las técnicas de oración como el Examen Diario, desarrollado por san Ignacio de Loyola, nos permiten reflexionar sobre los hechos del día, reconocer la presencia de Dios y discernir su orientación para nuestra vida.
- Ser consciente de los dones de gracia santificante recibidos en el Bautismo. Estos dones nos dan la capacidad de "creer en Dios, de esperar en Él y de amarlo mediante las virtudes teologales", y nos conceden "el poder vivir y obrar bajo la moción del Espíritu Santo mediante los dones del Espíritu Santo" (*CIC*, #1266).
- Mantener un estilo de vida saludable (dormir lo suficiente, hacer ejercicio y alimentarse adecuadamente).
- Buscar el apoyo de los demás.

Síntomas en nuestra comunidad

A veces los síntomas de debilidad en el cuerpo aparecen en la comunidad, como el ausentismo frecuente, las tensiones interpersonales y el uso repetido de declaraciones divisivas del tipo "nosotros versus ellos" (por ejemplo, "Esos padres nunca traen a sus hijos a la iglesia", "Esos niños deberían tomar más en serio las lecciones", "Esos feligreses no nos valoran"). Fomenta la comunidad:

- Habla de manera confidencial con cada persona y mostrando un espíritu de alegría y compasión.
- Escucha sus necesidades y respondiendo a ellas de la mejor manera posible.
- Recen juntos como comunidad.

La comunidad evangelizadora

Ya sea que este sea tu primer año o que lleves años como líder catequético, te darás cuenta de que lograr el equilibrio entre los aspectos operativos del programa y el cuidado pastoral de los catequistas no solo es complejo, sino también ¡un trabajo francamente desordenado! Con la cantidad de energía que se necesita para dirigir el programa, puede ser fácil concentrar nuestros esfuerzos de evangelización solo en los niños inscritos en nuestro programa. Pero también necesitamos estar en armonía con las necesidades de sus familias y de la comunidad en general.

Podemos aprovechar distintas oportunidades de compartir la alegría del Evangelio, nuestro mensaje de salvación, a veces de las maneras más inesperadas, estando atentos a las muchas oportunidades que Dios nos brinda. Después de todo, Dios siempre nos está invitando a participar en una historia de amor que se despliega frente a nuestros ojos. Una líder catequética comparte su historia:

Un sábado por la mañana estaba dirigiendo mi reunión mensual de catequistas. Me encontraba a punto de comenzar una sesión de planificación de lecciones cuando escuchamos que tocaban la puerta suavemente. Parada en la entrada había una pareja joven, que nos miraba perpleja.

"Estamos buscando al párroco".

"Creo que está en la rectoría. ¿Puedo ayudarlos en algo?".

Sacando un pequeño recipiente de su mochila, el joven respondió:

"El padre dijo que bendeciría a nuestro bebé. Mi esposa llevaba doce semanas de embarazo cuando lo perdió. Supongo que este es el funeral de nuestro bebé". Luego continuó: "Fuimos criados como católicos y de niños hasta fuimos a clases de educación religiosa. Con el tiempo simplemente dejamos de ir a misa. Pero cuando estuvimos en el hospital después de la pérdida de nuestro bebé, nos encontramos rodeados de personas que estaban orando por nosotros. El hospital nos preguntó si queríamos el 'tejido fetal'. Nos impactó escuchar referirse a nuestro hijo o hija de esa manera. Dijimos: No queremos ningún tejido fetal. Lo que queremos es a nuestro 'bebé'. Desde entonces, mi esposa y yo hemos estado rezando las mismas oraciones que aprendimos de niños, y eso nos hizo darnos cuenta de que Dios está siempre con nosotros. Supimos que necesitábamos encontrar nuestro camino de regreso a la Iglesia y a las personas que oraron por nosotros y nos apoyaron, que comparten nuestros valores y comprenden cómo nos sentimos".

Para ese momento, todos mis catequistas habían rodeado a la pareja y habían comenzado a llorar por su testimonio. Los abrazamos con calidez, les expresamos nuestro dolor por su pérdida y oramos por ellos unos minutos. Dejando la planificación de lecciones de lado, uno de los catequistas se dirigió a la rectoría para avisar al párroco mientras que el resto de nosotros acompañábamos a la pareja a la iglesia. El servicio, aunque breve, fue una de las experiencias más profundas de mi vida.

Después, les pregunté si querían acompañarme a tomar una taza de café. Rechazaron la propuesta, pero sí aceptaron que les regalara una Biblia. Mientras se las entregaba, dije:

"Me gustaría leerles un salmo, el Salmo 23:4. 'Aunque camine por lúgubres cañadas, ningún mal temeré, porque tú vas conmigo; tu vara y tu bastón me defienden'. Yo rezo estas palabras en los momentos difíciles de mi vida. Espero que ustedes también encuentren consuelo en ellas y en este libro sagrado".

Después los llamé durante la semana para invitarlos a misa. Han estado asistiendo sin falta desde entonces.

Ah, y esa vez, mis catequistas tuvieron que terminar solos la planificación de las lecciones. Sin embargo, luego pude comprobar que eran de las mejores lecciones que habían preparado.

Un hospital de campo

En su libro *El nombre de Dios es misericordia*, publicado en 2016, el Papa Francisco ofrece esta afirmación: "El hospital de campo, la imagen con la que me gusta describir esta 'Iglesia emergente'. . . que sale al encuentro de los muchos 'heridos' que necesitan atención, comprensión, perdón y amor" (Papa Francisco, *El nombre de Dios es misericordia* [Barcelona: Editorial Planeta, 2016] 31).

La joven pareja, herida espiritualmente por la pérdida de su bebé, comenzó a experimentar el consuelo y el alivio de Dios mediante la bondad de otras personas. Las heridas, aunque quizás no a tal escala, tocan la vida de todos: relaciones difíciles, separación, enfermedad, soledad, etcétera. Sabemos esto por nuestra experiencia personal y por las historias de los niños y las familias a quienes servimos. También sabemos que Dios se revela de una manera especial, una y otra vez, en cada respuesta compasiva.

El Cuerpo de Cristo existe no solo para el beneficio de sus miembros. De hecho, nos fortalecemos cuando llevamos la presencia y el consuelo de Cristo más allá de las paredes del salón de clases y los trasladamos a la vida de las familias a quienes servimos y a la comunidad en general. Agrega a esta lista algunas de las maneras en que tu comunidad ha tocado la vida de las familias y de la comunidad a la que sirves:

- padres que convalidaron su matrimonio para poder recibir la Sagrada Comunión con su hijo;
- una madre que ingresó en el catecumenado junto con sus hijos;
- los padres que se ofrecieron como catequistas voluntarios inspirados por la experiencia de su hijo en el programa catequético;
- padres que volvieron a la Iglesia y están renovando su propia práctica de nuestra fe después de muchos años de estar "demasiado ocupados";
- el niño que se negaba a participar en clase en su escuela, pero cantaba como un ángel en el programa parroquial de Navidad, para sorpresa de su familia;
- voluntarios que organizan colectas de dinero y materiales escolares para ayudar a las familias necesitadas.

Compartir historias como estas fomenta y consolida la comunidad catequética porque sirven como recordatorios de que, por medio del poder del Espíritu Santo, somos portadores del Evangelio.

Las actitudes de una comunidad

Una actitud es una postura de pensamiento sobre alguien o algo. La buena noticia es que podemos encontrar inspiración para crear comunidad examinando la sabiduría y las experiencias de la Iglesia.

La comunidad catequética se fortalece cuando, juntos, participamos de manera intencional en prácticas significativas y arraigadas en las enseñanzas de la Iglesia. Por ejemplo, el *Catecismo de la Iglesia Católica* nos enseña que las Bienaventuranzas (Mateo 5:1–10) están en el corazón de la predicación de Jesús porque cumplen las promesas de Dios al Pueblo Elegido desde los tiempos de Abrahán. Las Bienaventuranzas son actitudes porque son maneras de ser que nos ayudan a vivir una vida feliz (bendecida) y ser recompensados en el cielo.

> Las bienaventuranzas dibujan el rostro de Jesucristo y describen su caridad; expresan la vocación de los fieles asociados a la gloria de su Pasión y de su Resurrección; iluminan las acciones y las actitudes características de la vida cristiana; son promesas paradójicas que sostienen la esperanza en las tribulaciones; anuncian a los discípulos las bendiciones y las recompensas ya incoadas; quedan inauguradas en la vida de la Virgen María y de todos los santos. (*CIC*, #1717)

Hacer una reflexión profunda sobre las Bienaventuranzas es una excelente manera de crear comunidad. Los seres humanos somos sociales por naturaleza, y las Bienaventuranzas, que de muchas maneras dieron origen a la enseñanza social católica, destacan nuestro discipulado católico y nos conducen a las cuestiones más profundas y significativas de la salvación. Nos llevan más allá de los aspectos operativos del programa catequético en tanto que nos conducen hacia la misión de la comunidad cristiana.

Y así, al terminar este libro, te invito a reflexionar sobre la manera en que tú, como líder catequético, estás ayudando a construir una comunidad de Bienaventuranzas, una comunidad que se esfuerza por encarnar la visión del Reino de Dios que Jesús compartió en el Sermón de la Montaña.

> Felices los pobres de espíritu, porque el reino de los cielos les pertenece.
> Felices los afligidos, porque serán consolados. Felices los desposeídos, porque heredarán la tierra.
> Felices los que tienen hambre y sed de justicia, porque serán saciados.

> Felices los misericordiosos, porque serán tratados con misericordia. Felices los limpios de corazón, porque verán a Dios.
> Felices los que trabajan por la paz, porque se llamarán hijos de Dios.
> Felices los perseguidos por causa del bien, porque el reino de los cielos les pertenece. *(Mateo 5:3–10)*

Padre celestial, solo tú eres fuente de esperanza y vida nueva en medio de nuestra debilidad y sufrimiento. Ayúdanos a ser una comunidad abierta a tu gracia y tu presencia, confiando en que encontramos la realización completa solo cuando orientamos nuestra vida hacia ti. A medida que tu gracia se despliega en nuestra vida, permítenos ser agentes de tu gracia para los demás, y servirles bien en tu nombre, una comunidad de fe merecedora de tu promesa que nos dice: "alégrense y pónganse contentos porque el premio que les espera en el cielo es abundante" (Mateo 5:12).

Te lo pedimos por Jesús, Nuestro Señor. Amén.

Resumen: "Y los miembros, siendo muchos, forman un solo cuerpo"

Como el cuerpo, que siendo uno, tiene muchos miembros, y los miembros, siendo muchos, forman un solo cuerpo, así también Cristo. Todos nosotros, judíos o griegos, esclavos o libres, nos hemos bautizado en un solo Espíritu para formar un solo cuerpo, y hemos bebido un solo Espíritu. El cuerpo no está compuesto de un miembro, sino de muchos. (1 Cor 12:12–14)

En última instancia, la tarea de la Iglesia es construir el Cuerpo de Cristo. Por lo tanto, construir y fomentar relaciones es algo que está en el corazón mismo del ministerio. Los catequistas se benefician al saber que pertenecen a una comunidad catequética única, en la que pueden encontrar apoyo, ánimo e inspiración. En tu función como líder catequético, eres llamado a crear una comunidad catequética que alimente la vocación del catequista dentro de una comunidad de creyentes que se considera a sí misma como una comunidad catequizadora. Como constructor de una comunidad, tu tarea no es cultivar un grupo de individuos que funcione a la perfección, sino promover que se dé un enriquecimiento de los unos a los otros mediante nuestras imperfecciones.

Madurar como líder catequético

Nuestra comunidad de fe existe con un propósito: evangelizar. Reflexiona sobre las siguientes citas papales y describe maneras en las que tú y tu comunidad de catequistas pueden estar a la altura de los desafíos de evangelización expresados por nuestros Santos Padres.

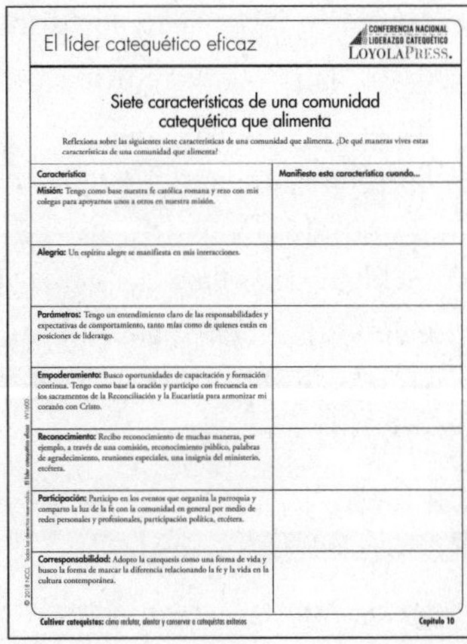

El líder catequético eficaz

CONFERENCIA NACIONAL LIDERAZGO CATEQUÉTICO
LOYOLAPRESS.

Siete características de una comunidad catequética que alimenta

Reflexiona sobre las siguientes siete características de una comunidad que alimenta. ¿De qué maneras vives estas características de una comunidad que alimenta?

Característica	Manifiesto esta característica cuando...
Misión: Tengo como base nuestra fe católica romana y rezo con mis colegas para apoyarnos unos a otros en nuestra misión.	
Alegría: Un espíritu alegre se manifiesta en mis interacciones.	
Parámetros: Tengo un entendimiento claro de las responsabilidades y expectativas de comportamiento, tanto mías como de quienes están en posiciones de liderazgo.	
Empoderamiento: Busco oportunidades de capacitación y formación continua. Tengo como base la oración y participo con frecuencia en los sacramentos de la Reconciliación y la Eucaristía para armonizar mi corazón con Cristo.	
Reconocimiento: Recibo reconocimiento de muchas maneras, por ejemplo, a través de una comisión, reconocimiento público, palabras de agradecimiento, reuniones especiales, una insignia del ministerio, etcétera.	
Participación: Participo en los eventos que organiza la parroquia y comparto la luz de la fe con la comunidad en general por medio de redes personales y profesionales, participación política, etcétera.	
Corresponsabilidad: Adopto la catequesis como una forma de vida y busco la forma de marcar la diferencia relacionando la fe y la vida en la cultura contemporánea.	

Cultivar catequistas: cómo reclutar, alentar y conservar a catequistas exitosos — **Capítulo 10**

El hombre contemporáneo escucha más a gusto a los que dan testimonio que a los que enseñan [. . .] o si escuchan a los que enseñan, es porque dan testimonio.
—Papa Pablo VI

No temas a la radicalidad de sus exigencias. . . . Si te pide mucho, es porque él sabe que puedes dar mucho [v.d.t.].
—San Juan Pablo Magno

Hablen con los demás de la verdad que les hace libres.
—Papa Benedicto XVI

No podemos quedarnos enclaustrados en la parroquia, en nuestra comunidad [. . .] cuando tantas personas están esperando el Evangelio.
—Papa Francisco

Visita www.loyolapress.com/lce para acceder a la hoja de ejercicios.

Acción sugerida

Lee estas palabras del Papa Benedicto XVI y reflexiona:

> Por la fe, los Apóstoles dejaron todo para seguir al Maestro (cf. Mt 10:28). . . . Por la fe, los discípulos formaron la primera comunidad. . . . Por la fe, los mártires entregaron su vida. . . . Por la fe, hombres y mujeres han consagrado su vida a Cristo. . . . Por la fe, hombres y mujeres de toda edad, cuyos nombres están escritos en el libro de la vida (cf. Ap 7, 9; 13, 8), han confesado a lo largo de los siglos la belleza de seguir al Señor Jesús. . . . También nosotros vivimos por la fe: para el reconocimiento vivo del Señor Jesús, presente en nuestras vidas y en la historia. (Papa Benedicto XVI, *Porta Fidei*, #13)

Recursos adicionales

En español

Evangelii Gaudium: Exhortación apostólica sobre el anuncio del Evangelio en el mundo actual. Papa Francisco (Washington, D.C.: Conferencia de Obispos Católicos de los Estados Unidos, 2013).

La catequesis de toda la comunidad. Bill Huebsch (Sal Terrae, 2006).

Nuevos escenarios en catequesis. Henri Derroitte y Enzo Bienmi (CCS, 2015).

En inglés

Building Community: Christian, Caring, Vital [Construir una comunidad: cristiana, atenta, vital]. Loughlan Sofield, Carroll Juliano y Rosine Hammett (Ave Maria Press, 1998).

Building Strong Church Communities [Crear comunidades eclesiales sólidas]. Patricia Wittberg (SC, Paulist Press, 2012).

Acerca de la autora

Jayne Ragasa-Mondoy sirve como directora de educación religiosa para la Diócesis de Honolulu, que está integrada por las seis islas principales del estado de Hawái. Sus responsabilidades incluyen supervisar los programas de catequesis y evangelización, y la formación de líderes catequéticos. Nacida y criada en Honolulu, Jayne comenzó su carrera profesional en la gerencia corporativa en el área de la Bahía de San Francisco mientras seguía participando en los programas parroquiales de catequesis y música litúrgica. Jayne, su esposo Timothy y su hija Catherine volvieron a Honolulu, donde Jayne obtuvo una maestría en liderazgo pastoral de la Universidad de Chaminade de Honolulu. Su visión del reclutamiento y de la gestión de voluntarios ha sido moldeada por su extensa experiencia de trabajo con voluntarios, guiándolos en ministerios catequéticos a nivel diocesano y parroquial. También ha trabajado como docente y administradora de escuela secundaria, y como miembro de la junta directiva de escuelas católicas y privadas locales y de la Conferencia Nacional para Líderes Catequéticos (NCCL por sus siglas en inglés).

La serie El líder catequético eficaz

Ya sea que estés iniciando tu labor como líder catequético o que lleves sirviendo por muchos años, la serie **El líder catequético eficaz** te ayudará a usar cada aspecto de este ministerio para proclamar el Evangelio e invitar a las personas al discipulado.

Llamados por nuestro nombre:
Prepararse para la vocación de líder catequético

Liderazgo catequético:
Cómo deber ser, cómo debe organizarse y a quién debe servir

Formar discípulos de Cristo:
Cómo entender la relación fundamental entre la catequesis y la evangelización

Cultivar catequistas:
Cómo reclutar, alentar y conservar a catequistas exitosos

Excelencia en el ministerio:
Las mejores prácticas para un liderazgo catequético exitoso

Todo el pueblo de Dios:
Catequesis eficaz en una Iglesia diversa

Cada libro de la serie **El líder catequético eficaz** está disponible al precio de $13.95, o la serie completa por $65.00.

Para hacer sus pedidos:

llame al **800.621.1008** o visite **loyolapress.com/LCE**